D1926513

DIE PLÜHMS bekommen ein Baby

Charlotte Fröhlich und Gert Scobel

DIE PLÜHMS bekommen ein Baby

Illustrationen von
Marine Ludin

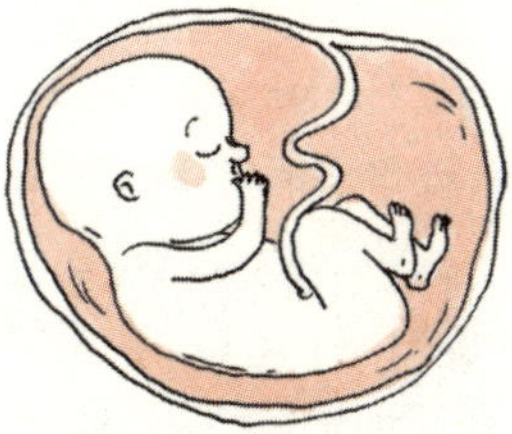

Bloomsbury Kinderbücher & Jugendbücher

© 2007 Berlin Verlag GmbH, Berlin
Bloomsbury Kinderbücher & Jugendbücher
Alle Rechte vorbehalten
Umschlags- und Innenillustrationen: Marine Ludin
Typografie und Gestaltung: Renate Stefan, Berlin
Gesetzt aus der Stempel Schneidler und Freestyle
durch psb, Berlin
Druck und Bindung: Ebner & Spiegel, Ulm
Printed in Germany
ISBN 978-3-8270-5268-1

für Robert

1.

FAST EIN GANZ NORMALER MORGEN

oder Kindergarten, Katzenleckerlis und Kanzlerin

Jeden Morgen war es dasselbe. Franziska hatte das Gefühl, dass ein Berg ins Rutschen gekommen war und mit Getöse und Gepolter vor ihrem Bett zusammenbrach. Wie immer schepperte und klapperte es, als der Berg die Spielsachen umstieß. Und irgendwo in der Ferne klingelte sogar eine Kuhglocke. Franziska fühlte sich wie auf einer gefährlichen Alm. Das Seltsame an diesem Bergrutschschauspiel war nur, dass dieser Berg jeden Morgen vor ihrem Bett zum Halten kam, während sie selbst noch müde im Bett lag. Und wie jeden Morgen wollte die Glocke der Kuh einfach keine Ruhe geben und bimmelte unbeirrt weiter. Doch Franziska, die durch das allmorgendliche Naturschauspiel große Übung hatte, griff einfach neben sich, um mit einem Knopfdruck zuerst die Kuh und deren Glocke und dann auch das restliche Getöse des Berges abzustellen. Während sie langsam wacher wurde und die Dinge um sich herum wahrnahm als das, was sie waren, wurde ihr bewusst, dass all diese Geräusche wie jeden Morgen in Wahrheit aus nichts anderem als ihrem Wecker bestanden und dem Lärm, den ihre Familie beim Aufstehen machte. Doch heute schliefen alle noch, das wusste sie. Den Bergrutsch hatte sie sich wohl eingebildet. Im Traum konnten die Geräusche eben alle möglichen verrückten Gestalten und Formen annehmen. Ein vorbeifahrendes Auto wurde zu einem Flugzeug, das Motorrad, das draußen knatternd angelassen wurde, zu einer Mondrakete. Aber heute waren es wieder der Berg und die Kuh. »Wie meistens am Montag«, dachte Franziska. »Montag ist der Bergtag. Und der Kuhtag.«

»Vielleicht ist das ja so, weil am Montag immer eine neue Woche vor einem liegt«, dachte sie weiter, »unbekannt und reizvoll wie ein Berg, dessen Spitze man erst am Mittwoch erreicht, bevor man dann am Wochenende wieder zurück ins gemütliche Tal gelangt und den lieben langen Tag spielen kann, wie es einem gefällt.«

»Heute ist wieder Montag«, dachte Franziska. Heute musste sie also wieder zur Schule gehen.

Schnell schlüpfte sie aus dem Bett und zog sich ihre geringelten Strümpfe an. Das waren ihre Gute-Laune-Strümpfe. Sie hatte mehrere davon, denn manchmal musste ja ein Paar in die Wäsche. Sollte sie deshalb auf gute Laune verzichten? Franziska stellte sich immer vor, wie bei der Wäsche auch all die schmutzigen Kleidungsstücke von Papa und Mama gute Laune bekamen, weil sie ja in der Waschmaschine auf die geringelten Strümpfe trafen. Sogar die stinkigen grauen Socken von Papa bekamen dann gute Laune, über die Mama immer sagte, dass sie so röchen, als hätte sich ein altes Tier darin versteckt.

»Pass auf, Friedrich«, sagte sie dann immer zu Papa Plühm, wenn es wieder so weit war und die Schmutzwäsche aus dem Wäschekorb in den Keller getragen werden musste, »gleich laufen die anderen Strümpfe wieder von alleine weg, so stinken deine.«

Einmal hatte Franziska sogar daran gedacht, selber wegzulaufen. So scheußlich hatte es gerochen. Franziska hatte seit diesem Tag den Verdacht, dass die Socken von Papa so rochen, weil er als Einziger aus der Familie gerne Käse aß. Alle anderen, einschließlich Oma und Opa, hassten nämlich Käse – außer auf einer Pizza oder einem Cheeseburger, wenn der Käse zerlaufen war. Aber das zählte ja nicht wirklich als Käse. Außerdem aß man ja nicht jeden Tag Pizza. Jedenfalls schaute Papa Plühm meist grimmig, wenn Mama Plühm Bemerkungen über seine Socken und ihren Geruch machte, wobei sie sich nie sicher war, ob das zum Spiel gehörte oder ihr Vater wirklich sauer war, denn er fand ja, dass seine Socken nicht mehr und nicht weniger rochen als die der anderen. Aber er bekam jedes Mal einen Gesichtsausdruck, als hätte man ihn persönlich beleidigt. Doch immer wenn Mama sich beschwerte, dass Papas Socken wieder einmal das Land verkästen – und das passierte jeden zweiten Tag –, zog Papa immerhin gehorsam seine Socken aus, brachte sie in die Stinketonne im Bad, die er dann besonders gut wieder verschloss, wusch sich die Füße und zog neue Socken an. Dann war für die nächsten zwei Tage Ruhe.

Aber jetzt war ja Montagmorgen – und da schliefen selbst die Socken von Papa Plühm noch. Und auch das Baby, auf das alle warteten. Das allerdings schlief irgendwo in Mama Plühm. Franziska sah die Socken auf dem Boden im Schlafzimmer neben Papa Plühms Bett liegen. Denn nach dem Aufwachen schaute sie immer zuerst in das Schlafzimmer ihrer Eltern.

»Mama hat recht«, dachte Franziska, »Papa schnarcht wirklich so laut, dass man glaubt, im Dschungel zu sein.«

Im Dschungel hätten aber sicher alle Tiere Reißaus genommen, so laut schnarchte ihr Papa. Trotz-

dem lag Mama seelenruhig mit geschlossenen Augen neben dem laut schnarchenden Papa. »Papa? Papa-Löwe oder Papa-Schnarchtier wäre sicher das bessere Wort für einen derart lauten Schnarcher«, dachte Franziska und verließ das Zimmer. Am Vorabend hatte sie ihren Wecker heimlich ein wenig vorgestellt, um früher als ihre Eltern wach zu sein. Zusammen mit Marleen wollte sie die Eltern nämlich überraschen und den Frühstückstisch decken.

»Marleen, aufwachen!«, flüsterte Franziska ihrer kleinen Schwester ins Ohr.

Franziska war die Ältere. Sie war sieben Jahre alt und ging bereits in die Schule. Marleen war erst fünf Jahre alt – aber stolz wie eine Königin, weil sie seit einem halben Jahr in den Kindergarten ging. Ehrlich gesagt, war Franziska darauf ein bisschen neidisch, denn der Kindergarten war ganz neu und wunderschön, und vor allem waren die Kindergärtnerinnen so nett. Aber so nett war ihre Klassenlehrerin schließlich auch, tröstete sich Franziska.

Dass Marleen doch endlich in den neuen Kindergarten gekommen war, lag nur daran, dass Mama wieder arbeitete. Marleen konnte schließlich nicht alleine zu Hause bleiben. So groß war sie nun auch wieder nicht. Im Kindergarten aber hatte sie viele Freundinnen und Freunde, obwohl sie eigentlich lieber mit den Mädchen spielte.

»Doppelverdiener«, hatte Papa ihr gesagt, bevor sie in den Kindergarten kam. »Wenn wir wieder Doppelverdiener sind und beide arbeiten, dann hast du eine gute Chance, Marleen, in den neuen Kindergarten zu kommen.«

»Und warum erst dann?«, wollte Marleen wissen. Sie fragte nämlich gerne »Warum?«.

»Weil es nicht so viele Kindergartenplätze gibt. Da muss man lange, lange warten, bis man einen bekommt.«

»Gibt es denn so viele Kinder in Deutschland?«

»Das ist ja seltsamerweise genau das Problem«, erklärte Papa. »Wir, also die Deutschen, haben zu wenig Kinder, was bedeutet, dass es bald viel mehr alte als junge Menschen gibt. Und gleichzeitig tun wir viel zu wenig für die Kinder.«

Marleen schaute fragend.

»Nimm das Mittagessen als Beispiel«, sagte Papa. »Der Kindergarten, in dem Franziska war, macht um Punkt 12:00 Uhr zu. Aber um 14:00 Uhr kann man dann wieder ein Kind zum Kindergarten bringen. Was aber machen Eltern, die berufstätig sind in der Zeit? Es kann ja nicht immer jemand mittags extra angefahren kommen.«

Papa dachte einen Moment nach. »Weißt du, es ist gerade so, als würden die alles tun, um dafür zu sorgen, dass sie die Kindergärten nicht so voll haben.«

»Verstehe ich nicht«, entgegnete Marleen. »Dann wäre es doch das Beste, wenn gar keine Kinder im Kindergarten wären.«

Papa grinste. »Manchmal denke ich, das wäre den Politikern auch am liebsten so«, sagte er. »Das wäre zumindest die billigste Lösung.«

»Du meinst, dass der Kanzler das so will?«, fragte Marleen.

»Wir haben doch keinen Kanzler mehr«, kommentierte Franziska und rollte mit den Augen, »sondern eine Kanzlerin«, wobei sie das »in« sehr betonte. »Die Merkel!«

Marleen ließ sich nicht beirren. »Der Kanzler: Ist das der dicke Mann, der erst Taxi gefahren hat und dann so abgenommen hat, dass Mama ihn richtig gut fand?«

»Nein«, sagte Papa zu Marleen. »Das war der Fischer.«

»Der Diät-Fischer«, schaltete sich Franziska wieder ein. »Aber der ist doch nicht Kanzler, Marleen.«

»Und wer ist der Kanzler?«, wollte Marleen wissen.

»Die Kanzlerin ist jetzt der Kanzler«, antwortete Franziska.

»Und warum bestimmt die dann, dass ich in den Kindergarten kann, wenn Papa ein Doppel…«, sie überlegte und suchte nach dem Wort, »Doppeldiener ist?«

In diesem Moment betrat Mama Plühm das Zimmer. Von der Küche aus hatte sie das Gespräch mit angehört. »Das heißt Doppelverdiener«, sagte sie mit einem Grinsen. »Papa würde sich freuen, wenn er in der Freizeit auch noch Diener wäre. Erinnerst du dich an den Bahnhof neulich?«, fragte sie Marleen.

»Du meinst das alte Gebäude, wo die Züge losfahren und vorne dran immer gebaut wird?«

»Genau«, sagte Mama Plühm. »Der Eingangsbereich wird seit Jahren renoviert. Und jetzt steht da dieses komische Denkmal mit den Pferden.«

»Hat das auch die Kanzlerin gebaut?«

»Nein«, sagte Mama Plühm. »Aber als wir an der Ampel standen, hast du dir auf der Titelseite einer Zeitung lange das Bild von einer Frau angesehen …«

»Ich weiß noch«, unterbrach Marleen. »Die stand da mit ihrem Mann ganz in Weiß und sah aus, als wollte sie ihn heiraten. Der Mann trug so eine fette Kette mit einem Kreuz dran. War das Madonna?«

»Nein, das war der Papst«, sagte Mama Plühm.

»Ach so. Der darf ja gar nicht heiraten«, sagte Marleen. »Obwohl er Weiß trägt.«

»Worauf ich hinauswollte«, fuhr Mama Plühm fort, »ist, ob du noch weißt, wer die Frau auf dem Bild war?«

»War das denn die Madonna?«, fragte Marleen.

»Nein, das war Frau Merkel.«

»Die Kanzlerin«, sagte Franziska.

»Dürfen Frauen denn einfach Madonna werden oder Merkel, wenn sie wollen?«

»Du meinst Sängerin oder Kanzlerin«, sagte Mama Plühm.

»Warum sollen wir das denn nicht dürfen?«, fragte Franziska ein wenig laut. »Frauen sind doch genauso schlau wie Männer, oder?«

Mama Plühm nickte.

»Deine Mutter meint, dass sie sogar schlauer sind«, sagte Papa Plühm. Und fügte leise hinzu: »Meistens.«

»Was hast du gesagt, Papa?«, wollte Marleen wissen, die das letzte Wort nicht verstanden hatte.

»Wir dürfen alles«, sagte Franziska ungeachtet ihrer Frage.

Marleen machte ein zufriedenes Gesicht. »Sie dürfen zum Beispiel auch Kanzlerin werden«, sagte sie.

»Richtig«, sagte Mama Plühm. »Und genau die Frau, die du damals gesehen hast, ist jetzt schon einige Zeit unsere Kanzlerin.«

»Musste die lange in den Kindergarten gehen, ehe sie Kanzlerin werden konnte?«, wollte Marleen wissen.

Alle sahen sich an.

»Ist sie denn Doppelverdienerin?«, setzte Marleen nach.

Papa Plühm wandte sich wieder Marleen zu und sagte: »Also, mit dem Kindergarten, der Politik und den Doppelverdienern ist das so: Es gibt Leute, deren Aufgabe es ist, zu schauen, ob sich die anderen richtig benehmen.«

»Das ist die Polizei«, sagte Marleen.

»Nur: Woher wissen die, was richtig ist?«, fragte Papa Plühm.

Marleen und Franziska dachten nach.

»Das ist schwer zu sagen«, gab Franziska zu.

»Richtig. Und weil man das manchmal nicht genau weiß und vor allem nicht weiß, ob das, was man für richtig hält, auch für alle richtig ist, gibt es die anderen Leute, die nicht zur Polizei gehören, aber die

die Gesetze machen. Und die bestimmen, was richtig ist und was nicht.«

»Zum Beispiel, wann ich in den Kindergarten kommen kann?«, fragte Marleen.

»Genau das«, gab Papa Plühm ihr recht. »Die sagen, wann man einen Platz im Kindergarten bekommt.«

»Wieso Mann?«, wollte Marleen wissen. »Wartest du auch auf einen Platz im Kindergarten, Papa?«

»Ich glaube, auf deinen Papa wartet jetzt das restliche Geschirr in der Küche«, unterbrach Frau Plühm.

Marleen ging mit in die Küche. Ihr Vater begann, das Geschirr abzuwaschen: Die Gläser zuerst, dann das Geschirr und das Besteck und schließlich die schweren, fettigen Töpfe.

Marleen setzte sich auf einen Schemel.

»Du kannst das ziemlich gut, Papa«, sagte sie.

»Danke für dein Lob«, sagte Papa Plühm und lächelte.

»Können Männer solche Sachen besser als Frauen?«

»Manche können das wirklich besser«, sagte Frau Plühm, die gerade in die Küche kann und ein großes Tablett trug. »Aber viele wollen daran gar nicht erinnert werden.«

»Was willst du damit sagen?«, fragte Papa Plühm.

Franziska war in die Küche gekommen, stellte die leere Schüssel, die sie in der Hand hatte, auf die

Spüle und sagte: »Ich glaube, Mama will dich an deinen Hirseauflauf erinnern.«

»Ein dunkles Kapitel in der Geschichte des Kochens«, sagte Mama Plühm.

»Aber ihr müsst zugeben, dass ich sonst ganz gut koche.«

»Ärgere dich nicht, Papa.« Franziska nahm ihm das Handtuch aus der Hand und begann, einen Teller abzutrocknen. »Es kann nicht jeder in allem gut sein.«

»Richtig«, sagte Mama Plühm. »Aber wenn wir beispielsweise das Tischabräumen nehmen oder das Spülen, dann bedeutet das eben nicht, dass man nicht wenigstens einmal versuchen sollte, herauszufinden, ob man es kann.«

Papa Plühm nickte. »Gut gesagt. Genau das ist ja mit dem Hirseauflauf passiert: Ich habe es versucht.«

»Gott sei Dank nur einmal«, sagte Marleen.

»Männer und Frauen machen die Sachen eben unterschiedlich«, sagte Franziska und drückte ihrem Vater den abgetrockneten Teller in die Hand. »Kannst du den bitte einräumen?«

Überrascht schauten Mama und Papa Plühm ihre Tochter an. Papa Plühm grinste. »Stimmt«, sagte er knapp. »Richtig. Ich sehe das genauso.«

»Und ich auch«, fügte Mama Plühm hinzu.

»Und ich bin sehr gespannt, was das Baby später besser kann«, bemerkte Franziska.

»Du meinst: Ob es ein Mädchen wird oder ein Junge?«, fragte Papa Plühm.

»Stimmt«, antwortete Franziska. »Obwohl ich dachte, so was wie Kochen oder Abwaschen sollten eigentlich alle können.«

Marleen war mit alldem noch nicht zufrieden. »Wenn Eltern Doppelverdiener sind – müssen die dann zu Hause alles doppelt arbeiten?«

»Nein«, sagte Papa Plühm. »Teller spülen macht immer einer.«

»Bei meinen Klassenkameraden macht es gar keiner.«

Alle sahen Franziska fragend an.

»Weil die eine Spülmaschine haben. Da braucht gar keiner abzuspülen!« Wieder drückte sie ihrem Vater einen Teller in die Hand.

»Räumt bei denen auch eine Maschine ein?«, wollte Marleen wissen. »So ein Roboter?«

»Wohl kaum«, sagte Mama Plühm. »Außerdem heißt der Hausroboter in den meisten Familien immer noch Mama.«

»Und Papa?«, fragte Franziska. »Der arbeitet ja schließlich auch mit.«

Marleen nickte. »Ich glaube, jetzt habe ich das verstanden«, sagte sie. »Doppelt verdienen heißt einfach nur die Arbeit gerecht aufteilen.«

»Genau so ist es«, sagte Papa Plühm. »Das Problem ist nur, dass oft beide einem Beruf nachgehen.

Mal hat der eine ein wenig mehr Stress, mal der andere. Und dann muss mal der eine zu Hause mehr arbeiten und mal der andere.« Papa Plühm legte wieder einen Teller weg ins Regal. »Außerdem ist das Problem, wenn zwei arbeiten gehen, also doppelt gearbeitet wird, dass in der Zeit ja auch die Kinder irgendwo hinmüssen.« Er schaute seine Tocher an.

»Klar«, jubelte Marleen. »Und zwar dahin, wo es echt Spaß macht: In den Kindergarten!« Sie strahlte richtig. »Ich finde, das ist doch ganz einfach: Es können ja nicht die ganzen Familien in den Kindergarten kommen und da arbeiten. Die Eltern müssen ja woanders arbeiten.«

»Außer sie sind Kindergärtner«, rief Mama Plühm aus dem Wohnzimmer.

»Oder Lehrerinnen«, ergänzte Franziska.

»Und weil das so ist«, sagte Papa Plühm, »und oft beide Eltern arbeiten, kommen die kleineren Kinder aus solchen Familien schneller in den Kindergarten als andere.«

Marleen hatte jetzt genug vom Kanzler, schmutzigen Töpfe und den Doppelverdienern. Im Moment reichte es ihr völlig, dass sie im Kindergarten war. Dort konnte sie, so viel sie wollte, mit anderen Kindern spielen. Und außerdem waren die Kindergärtnerinnen nett und freundlich. Mein Kindergarten ist einfach klasse, dachte sie. Und freute sich schon auf den nächsten Tag.

Als sie die Küche aufgeräumt hatten, setzten sich alle ins Wohnzimmer. Papa und Mama Plühm tranken einen Kaffee.

»Was war eigentlich gestern mit dir und Frau Mahlzahn los?«, wollte Franziska von ihrer Mutter wissen.

»Was da los war?« Auch Papa Plühm kannte die Geschichte noch nicht.

Also nahm Mama Plühm einen großen Schluck Kaffee, stellte ihre Tasse auf den Tisch und erzählte. »Also das war so: Ich wollte Marleen vom Kindergarten abholen wie immer. Und weil ich noch ein wenig warten musste, habe ich mich mit Frau Mahlzahn unterhalten, der Mutter von Florian. Marleen hat ein wenig geweint.«

»Habe ich«, sagte Marleen. »Habe ich tatsächlich.« Sie schwieg. Dann fügte sie hinzu: »Weil ich einfach noch nicht nach Hause wollte. Das Spielen war so schön! Wir waren nämlich alle im Turnraum und haben mit Frau Hollstein einen neuen Tanz gelernt.«

»Auch die Jungen?«, fragte Franziska ein wenig ungläubig.

»Was denkst du denn«, gab Marleen zur Antwort. »Natürlich auch die Jungen. Meinst du, die wollen nicht tanzen? Das habe ich ja noch nie erlebt«, sagte sie. Und fügte hinzu: »Tanzen ist doch was für Mädchen und Jungen!«

»Jedenfalls hat Frau Mahlzahn das völlig falsch verstanden«, fuhr Mama Plühm fort. »Sie dachte doch tatsächlich, dass Marleen überhaupt nicht nach Hause wolle, weil sie dort unglücklich sei.«

»Aber das ist natürlich völliger Quatschkram«, sagte Marleen. »Zu Hause ist es ja fast so schön wie im Kindergarten.«

Franziska sah sie fragend an.

»Na ja: Genauso schön«, sagte Marleen. »Zufrieden?«

»Frau Mahlzahn hat mich nach deinem kleinen Heuli jedenfalls sehr streng angesehen, weil sie ja dachte, du wolltest nicht nach Hause, weil du dort immer allein wärst«, sagte Mutter Plühm. »Und dann fing sie an, mir einen richtigen Vortrag zu halten. Inzwischen waren die Kinder mit dem Tanz fertig, Marleen kam also zu mir, sah, dass Frau Mahlzahn noch auf mich einredete, und ging wieder in den Turnraum zurück, um noch ein wenig zu spielen. Ich habe mir den Vortrag von Frau Mahlzahn in aller Ruhe weiter angehört.«

»Das war sicher ziemlich langweilig, so wie ich Frau Mahlzahn kenne«, sagte Papa Plühm. »Das ist ja eine von den Müttern, die immer alles besser wissen und die besten Schulbrote schmieren und die besten Geburtstagsfeiern organisieren und ihre Kinder am besten erziehen und auch am besten zu Hause bleiben, weil sie alle anderen nerven.«

»Ich muss immer an eine Kuh denken, wenn Frau Mahlzahn wieder einen Vortrag hält«, sagte Marleen.

»Wieso denn an eine Kuh?«, wollte Franziska wissen.

»Weil Kühe große Tiere sind, die gerne in einer Herde stehen und muhen und immer alles wiederkäuen. So ist es auch mit Frau Mahlzahn. Sie käut jedes Wort wieder und wiederholt alles.«

»Das liegt daran«, sagte Franziska, die Frau Mahlzahn auch kannte, »dass sie denkt, dass andere Menschen dümmer sind als sie und sie ihnen immer alles vorkauen muss.«

»Aber der Vergleich mit einer Kuh ist natürlich ganz falsch«, sagte Papa Plühm.

Alle sahen ihn fragend an.

»Weil ich noch nie eine Kuh und überhaupt noch nie irgendein Tier gesehen habe, das solche Leggings anhat.«

Franziska lachte. Frau Mahlzahn trug nämlich immer neonfarbene, buntgemusterte Leggings.

»Als Marleen dann irgendwann mit dem Tanzen fertig war«, fuhr Mama Plühm fort, »kam sie zu mir gelaufen. Frau Mahlzahn redete immer noch und ich hörte zu.«

»Und was hat die gesagt?«, wollte Franziska wissen.

»Na solche Sachen, dass Frauen eigentlich nicht arbeiten sollten und nach Hause gehören. Frauen müssten sich um die Kinder kümmern und alles zu Hause schön machen und kochen, weil das ihre Bestimmung ist. Jedenfalls sollen sie nicht außerhalb des Hauses arbeiten – wobei die Arbeit zu Hause eigentlich keine Arbeit ist, sondern nur das, was Frauen natürlicherweise machen würden, wenn man sie ganz alleine lassen würde und sie sich langweilen.«

»Dann fangen sie automatisch an zu kochen?«, wollte Franziska wissen.

»Natürlich nicht wirklich. Frauen machen dann das, was Männer auch machen würden: Sie erholen sich oder schlafen, spielen mit den Kindern, gehen spazieren, treiben Sport. Oder arbeiten eben.«

»Also glaubt Frau Mahlzahn, dass es den Frauen nicht bekommt, und den Kindern auch nicht und den Männern auch nicht, wenn Frauen arbeiten, weil die

Männer ja arbeiten und dann nach Hause kommen von ihrer Arbeit …«

»… und erwarten, dass ihnen das Fresschen vorgesetzt wird«, führte Mama Plühm den Satz fort.

Alle sahen sie an.

»Mama meint, dass es ja nicht so ist, als wenn das zu Hause keine Arbeit wäre«, sagte Franziska schließlich. »Ich weiß ja selber, wie das ist, wenn ich den Abwasch wegräumen oder mein Zimmer aufräumen soll.«

»Und wenn ich immer kochen und den Tisch alleine decken müsste oder waschen, fände ich das ganz schön viel Arbeit und ganz schön anstrengend«, fügte Marleen hinzu.

»Wollen Männer das denn wirklich so?«, fragte Papa Plühm. »Ich meine, wenn sie von ihrer Arbeit nach Hause kommen, wollen sie dann, dass schön das Fresschen auf dem Tisch steht und Papi die Puschen anziehen kann und Frauchen die Zeitung holt und fragt: ›Schatz, wie war es denn heute?‹ Wollen Männer das so?«

»Aber das musst du doch wissen, Papa«, antwortete Marleen wie aus der Pistole geschossen.

»Ich will das nicht, obwohl ich zugebe, manchmal wie jeder andere von euch auch einfach faul zu sein. Und dann ist es schön, wenn man nicht so viel arbeiten muss, egal wo.«

»Aber manche wollen das sicher so«, sagte Franziska. »Aber meinst du nicht, dass es auch Frauen gibt, die arbeiten und, wenn sie ehrlich sind, wollen, dass sie nicht einkaufen müssen und ein schöner Salat auf dem Tisch steht?«

Mama Plühm strahlte über das ganze Gesicht. »Schöne Vorstellung!«, sagte sie. »Wenn ich ehrlich bin, will ich das wirklich manchmal. Wenn ich von der Arbeit komme, bin ich manchmal wirklich erst mal abgeschlafft und brauche ein bisschen Zeit, bis ich wieder Energie habe.«

»Und dann wünscht sich jeder, dass er faul im Sessel sitzen kann und sich das Essen von alleine macht und sich die Wohnung von alleine aufräumt und der Einkauf sich auch von alleine erledigt und die fertig gepackten Tüten sich von alleine in die Regale im Haus verteilen«, sagte Franziska.

Marleen schaute sie staunend an. »Aber ist das denn so?«

»Natürlich nicht«, sagte Franziska.

»Außer im Märchen vom modernen Haushalt«, kommentierte Papa Plühm.

»Aber leider nicht wirklich«, sagte Marleen mit einem leichten Ton der Enttäuschung. »Das ist ganz schön schade, findet ihr nicht?«

Alle nickten.

»Aber deshalb ist es auch wichtig, dass alle im Haushalt ein wenig mit anpacken. Ich finde es zum Beispiel toll, wenn ihr nach dem Essen mit abräumt. Das macht ihr ja inzwischen fast immer.«

Marleen nickte. »Danke, Mama. Aber manchmal

verirrt sich doch so ein Ding vom Einkauf. Ich weiß auch nicht wie.« Sie schaute Mama Plühm ein wenig hilflos an. »Weißt du, irgendwie machen die sich dann von ganz alleine auf den Weg und landen irgendwo im Regal«, sagte sie. »Wahrscheinlich machen die Einkaufssachen das nachts.«

»Stimmt«, sagte Papa Plühm. »Gerade gestern habe ich wieder ein Marmeladenglas zwischen den Nudelsaucen gefunden.«

»Und ich Katzenleckerlis zwischen unserer Schokolade zum Naschen«, fügte Franziska hinzu.

»Manchmal geht das Katzenfutter eben auf wundersame Weise auf Reisen«, sagte Mama Plühm, »und vergisst, wo es hinwollte. Ich möchte euch aber gerade die Geschichte mit Frau Mahlzahn zu Ende erzählen. Als Frau Mahlzahn nämlich fertig war mit ihrem Vortrag über die Frauen, die nicht arbeiten sollen und Rabenmütter sind, war ich leicht angenervt. Ich habe Frau Mahlzahn angesehen und gesagt: ›Wissen Sie, Frau Mahlzahn: Wenn es so schlecht ist, dass Mütter arbeiten, wie Sie behaupten – warum haben SIE dann immer schlechte Laune und meckern?‹«

»Stimmt«, sagte Marleen eifrig. »Ich hab's genau gesehen. Die Frau Mahlzahn sah aus wie ein Fisch, der Luft schnappen will, als Mama das sagte. Und bevor sie noch ein Wort herausbringen konnte, hat die Mama weitergeredet.«

»Ja«, sagte Mama Plühm, »ich habe ihr gesagt: ›Wissen Sie, Frau Mahlzahn: Vielleicht würde Arbeit

Ihnen auch guttun. Sie machen keinen richtig zufriedenen Eindruck. Und außerdem machen Sie sich was vor, denn Sie können ja auch nicht ständig mit Ihren Kindern spielen. Sie sind genauso wie ich zwischendurch weg und gehen einkaufen oder verschwinden unten im Keller und bügeln. Außerdem: Wenn Sie doch angeblich nicht arbeiten und sich den ganzen Tag lang nur um die Kinder kümmern, statt wie die anderen Rabenmütter ständig weg zu sein, nur um sich selbst zu verwirklichen, sich die Nägel im Büro zu feilen und einen schönen Tag bei der Arbeit zu haben – wenn das also alles so toll ist, was Sie machen: Warum will Ihr Florian dann ausgerechnet immer zu uns zu Besuch kommen?‹«

»Tut mir leid, Mama und Papa«, sagte Marleen, »aber kein Kind will den ganzen Tag mit seinen Eltern spielen. Ich spiele gerne mit dem Florian. Seid ihr mir böse?«

Papa und Mama Plühm lachten. »Im Gegenteil: Das ist doch toll, wenn du mit anderen Kindern spielst. Wir Erwachsenen unterhalten uns ja auch gerne mit anderen Erwachsenen. Stimmt's?«

Sie sah Papa Plühm an. Der grinste. »Mit anderen Erwachsenen und mit dem Hund.«

»Sehr witzig«, sagte Mama Plühm. »Jedenfalls hat Frau Mahlzahn dann geschwiegen.«

»Und ziemlich sauer geguckt«, sagte Marleen.

»Sie war tatsächlich ziemlich sauer«, sagte Mama Plühm. »Sie sah mich an, und alles, was Sie herausbrachte, war ein ›Sie, Sie ...‹ – ›Und Sie?‹, habe ich einfach gesagt. ›Wissen Sie, Frau Mahlzahn, das ist nämlich ganz einfach. Es gibt eine Mütter-Grundregel, und die lautet: Nur zufriedene Mütter haben zufriedene Kinder. Und manchmal gehört zur Zufriedenheit von Müttern eben auch ihre Arbeit. Man kann durchaus ohne ein schlechtes Gewissen, das Sie mir jetzt einreden wollen, mit der Arbeit zufrieden sein, während die Kinder im Kindergarten zufrieden sind, und man dann abends zusammen zufrieden über alles reden kann oder noch zufrieden ein Spiel spielt und zusammen zu Abend isst.‹« Mama Plühm hielt inne.

Marleen nickte. »Und dann hat Mama die Frau Mahlzahn einfach stehen gelassen, und wir sind nach Hause gegangen«, sagte Marleen.

»Zufrieden?«, fragte Papa Plühm.

Alle lachten.

»Sehr zufrieden, Papa«, sagte Marleen.

»Ich glaube, Frau Mahlzahn ist jetzt sauer und spricht nie wieder mit meiner Mama«, dachte Marleen. Dann fragte sie: »Meinst du, der Florian kommt noch zu uns?«

»Das glaube ich schon«, sagte Mama Plühm.

»Und wennschon«, warf Franziska ein. »Ist doch egal, oder? Florian ist schließlich ein Junge.«

»Aber mit Jungen kann man toll spielen«, sagte Marleen.

»Aber Jungen sind auch manchmal ganz schön blöd«, entgegnete Franziska.

»Du meinst, weil die nicht richtig mit Puppen spielen können wie wir?«, wollte Marleen wissen.

»Genau«, sagte Franziska und schwieg. »Aber irgendwie ist es doch gut, mit Jungs zu spielen«, sagte sie dann und dachte an Max. Den mochte sie nämlich ziemlich gerne und nannte ihn deshalb auch Mäxchen.

Marleen nickte. Sie dachte an Paul.

Florian ist zwei Tage später wieder zum Spielen vorbeigekommen, dachte Franziska. Aber jetzt Schluss damit: Ich will endlich Frühstück machen mit Marleen.

Sie hatte Marleen inzwischen richtig wach gemacht. Marleen krabbelte aus dem Bett, gähnte laut, nahm ihren Lieblingsteddybären auf den Arm, setzte sich auf die Bettkante und sagte laut: »Guten Morgen, Teddybär!«

Und als sie Franziska sah, sagte sie: »Ist heute das Wochenende wieder vorbei, Franziska?«

»Ja«, antwortete Franziska.

»Fein, dann kann ich ja wieder in den Kindergarten!«, rief Marleen.

»Erinnerst du dich nicht?«, fragte Franziska. »Wir wollten doch für Papa und Mama Frühstück machen. Wir müssen auch gar nicht leise sein, denn Papa schnarcht wieder so laut, dass uns sowieso keiner hört. Selbst wenn Einbrecher kämen, würden die wieder weglaufen, weil sie denken würden, dass oben Männer mit Sägen arbeiten oder wir Löwen mit dicken Mähnen und langen Zähnen dort gefangen halten.«

Und dann gingen die beiden Schwestern hinunter in die Küche.

Marleen machte die große Schublade im Küchenschrank auf und nahm den Honig heraus. »Wenn das Baby da ist«, sagte sie zu Franziska, »ich meine, das neue Baby, dann müssen wir aber auch ein Fläschchen auf den Frühstückstisch stellen.«

»Aber das dauert noch«, beruhigte Franziska ihre Schwester. »Mama hat zwar einen dicken Bauch, aber noch ist Ruhe im Karton.«

»Wieso im Karton? Ist Mamas Bauch ein Karton?«, wollte Marleen wissen.

»Nein. Ich meine: Mit dem Baby, das dauert noch. Weißt du«, sagte Franziska und machte dabei ein Gesicht wie ihre Mutter, wenn sie etwas wirklich Schweres erklären sollte, zum Beispiel, wie der Regen erst in die Wolken hoch und dann wieder runterkommt. »Weißt du«, sagte Franziska noch einmal, und Marleen musste dabei an Frau Mahlzahn denken, »mit dem Baby, das ist so ähnlich wie mit den Fischstäbchen – die muss man auch erst mal auftauen. Und im Moment taut das Baby gerade auf.«

»In Mamas Bauch?«, wollte Marleen wissen. »Was meinst du denn mit auftauen? Kommen Babys etwa in die Mikrowelle, bevor sie schlüpfen?«

»Babys schlüpfen doch nicht«, sagte Franziska. »Aber mit der Mikrowelle, das weiß ich wirklich nicht so genau. Vielleicht doch. Denn als ich dich zum ersten Mal gesehen habe, das war damals im Krankenhaus, da hast du in so einer Art Mikrowelle gelegen. Ich glaube, Papa hat das einen Brüterkasten genannt. Das war so eine Art Wärmekasten wie für kleine Küken«, sagte Franziska, während sie die Messer aus der Schublade nahm, »also eigentlich doch eine Mikrowelle.«

Marleen sah sie ungläubig an. »Willst du mich veräppeln, Franziska?«, fragte sie ihre Schwester.

Die war sich mit einem Mal auch nicht mehr ganz sicher. »Wir fragen einfach gleich Mama«, sagte sie. »Oder Papa. Der hat das ja schließlich mit dem Brüterkasten gesagt.«

»Auch das mit dem Fischstäbchen?«

»Nein«, gab Franziska zu. »Aber irgendwie ist es doch so. Hast du schon mal ein fertiges Fischstäbchen gesehen, ich meine, bevor es in der Mikrowelle ausgebrütet wurde? Oder ein fertiges Baby?«

Sie nahmen schweigend die Teller und Tassen aus dem Schrank. Auf dem Weg zum Tisch wäre Franziska mit all den Tellern in der Hand beinahe über Lilla gestolpert, die Katze der Plühms.

»Lilla – du liegst aber auch immer im Weg«, schimpfte Franziska, die selber mehr erschrocken als wütend war. Erleichtert stellte sie die Teller und Tassen auf den Tisch, während Marleen die Butter,

Marmelade, Nutella und die letzten Scheiben Wurst und eine Tüte Milch dazustellte.

Als die beiden den Tisch gedeckt hatten, ging Franziska in den Keller, um eine Wäscheklammer zu holen. »Was machst du denn mit der Wäscheklammer?«, wollte Marleen wissen.

»Papa wecken«, gab Franziska zur Antwort und ging zusammen mit Marleen die Treppe hinauf nach oben ins Schlafzimmer. Dann stellte sich Franziska neben ihren Vater, wartete, bis er wieder tief ausgeatmet hatte – und klemmte die Wäscheklammer auf seine Nase.

Papa Plühm versuchte natürlich einzuatmen. Aber die Nase war ja zu. Also schnappte er nach Luft. Er vergaß dabei sogar das Schnarchen – und wachte auf. Etwas verwirrt und noch halb im Schlaf schaute er auf.

»Guten Morgen, Franziska. Guten Morgen, Marleen«, sagte er und drehte sich bereits wieder herum auf die Seite, um weiterzuschnorcheln, wäre nicht Marleen auf ihn gesprungen und hätte gerufen: »Papa, mach mal Pferd. Ich will Pferd spielen!«

Nachdem Mama und Papa Plühm aufgestanden waren, sich geduscht und die Kinder angezogen hatten, gingen sie hinunter. »Soll ich Frühstück machen?«, fragte Papa Plühm.

»Das wäre toll«, sagte Franziska und kniepste

Marleen ein Auge. »Sonst müssen wir ja alle verhungern.« Dabei versteckte sie ihr Lachen hinter einer Hand.

Als Papa Plühm unten angekommen war, staunte er nicht schlecht: Der Frühstückstisch war fertig gedeckt. Sogar die Blumenvase mit den vertrockneten Blumen stand zwischen der Butter und den Tassen auf dem Tisch.

»Das ist ja toll!«, rief Papa Plühm. »Da fehlen ja nur noch die Eier und der Kaffee.«

»Aber ich will keinen Kaffee, Papa«, sagte Marleen. »Wann merkst du dir endlich mal, dass ich morgens Milch trinke?«

»Ich glaube, das weiß ich schon«, sagte Papa Plühm.

»So schwer ist das nun wirklich nicht zu behalten«, warf Franziska ein.

»Ich weiß«, sagte Papa Plühm und schaltete die Espressomaschine an.

Auch Mama Plühm kam jetzt runter. Sie hatte schon ihre feinen Bürosachen an – aber noch völlig nasse Haare.

»Die sehen ja aus wie Vogelnester«, sagte Marleen.

»Nein, eher wie ein feuchter Kopfsalat«, widersprach Franziska.

»Los, alle an den Tisch«, sagte Papa Plühm und brachte zwei Tassen Kaffee mit.

»Friedrich: Vergiss nicht wieder die Eier«, ermahnte ihn Mama Plühm. »Du weißt«, sagte sie und zeigte in Richtung Herd, auf dem die Eier laut hörbar im Kochtopf hin und her sprangen, »neulich hast du die Eier wieder so lange kochen lassen, dass sie steinhart waren.«

»Ja, so hart«, ergänzte Franziska, »dass beinahe der Teller kaputtgegangen wäre, als ich versuchte, die Eierschale abzuklopfen.«

Also stand Papa Plühm auf, schaute auf die große Küchenuhr, die laut vor sich hin tickte, nahm sich einen Löffel und stellte sich neben den Herd und den Eiern in Position.

»Sieht aus, als wolltest du einen Fisch fangen mit dem Löffel, Friedrich«, kommentierte Mama Plühm.

»Ich gehe nur auf Nummer sicher«, antwortete Papa Plühm. »Man kann ja nie wissen, wann wieder so ein Ei einfach rausspringt. Schließlich wollten die ja mal Vögel werden.«

Franziska sah ihre Mutter ungläubig an.

»Stimmt das, Mama?«, fragte Marleen.

Mama Plühm lächelte und schüttelte den Kopf.

»Und außerdem, Mama«, sagte Franziska aufgeregt, »wie ist das eigentlich mit den Babys?«

»Was meinst du genau?«, fragte Mama Plühm.

»Franziska meint, dass das Baby in deinem Bauch wie ein Fischstäbchen langsam auftaut«, sagte Marleen.

»Na ja«, sagte Mama Plühm und blickte dabei Franziska an, die inzwischen vergeblich versuchte, mit dem Messer ihr Ei zu köpfen, das Papa Plühm ihr in den Eierbecher gestellt hatte. »Das Baby, das Papa und ich und wir alle uns gewünscht haben, das wächst jetzt in meinem Bauch. Da bekommt es das beste Essen. Aber es wächst so wie du auch.«

»Heißt das also, dass es nicht auftauen muss?«, fragte diesmal Franziska nach.

»Nein«, sagte Mutter Plühm. »Das Baby hat es ja schön warm – denn es ist genauso warm wie ich. Und ich friere ja nicht, es sei denn, Friedrich lässt weiter die Küchentür offen stehen, nachdem er Milch geholt hat.«

Papa Plühm war bereits dabei, die Tür zu schließen. Ganz dicht an seinem Bein vorbei schoss Lilla noch schnell in die Küche, vermutlich weil sie dachte, dass dort ein Schälchen Milch auf sie wartete.

Etwas ungläubig fühlte Marleen zuerst an Mama Plühms Arm, dann an ihrem eigenen und dann wieder an dem von Mama Plühm.

»Stimmt«, sagte sie knapp. »Kein Frieren. Ist so warm wie meiner.«

Inzwischen hatte Franziska ihr Ei öffnen können. »Aber wenn das Baby da drin ist«, sagte sie plötzlich, »ich meine in deinem Bauch. Dann muss es doch noch viel, viel wachsen, bis es schlüpft. Isst du deshalb so viel, Mama?«

»Ja«, sagte Mama Plühm. »Ich könnte dauernd essen.«

»Ist Papa also auch schwanger?«, wollte Marleen wissen. »Der isst doch auch ständig.«

Franziska begann ihr Ei auszulöffeln.

»In etwa sechs Wochen ist es so weit«, sagte Mama Plühm. »Und obwohl heute Montag ist und man ja normalerweise die ganze Woche über arbeiten muss, gehe ich heute das letzte Mal zur Arbeit. Dann ist Schwangerschaftsurlaub.«

»Fein«, sagten beide Kinder wie aus einem Mund.

»Und jetzt fahre ich euch in die Schule und in den Kindergarten«, sagte Mama Plühm zu Franziska und Marleen.

Aber die beiden waren nicht so leicht von ihren wichtigen Fragen abzulenken. Außerdem wartete noch ein halbes Brötchen auf sie. Marleen hatte eines mit Honig und Franziska eines mit Nutella vor sich liegen. Sie konnte Honig nämlich nicht ausstehen.

»Und wie ist das mit den Küken?«, wollte Franziska wissen.

»Oder mit den Pinguinen«, ergänzte Marleen.

»Wie kommst du denn ausgerechnet darauf?«, fragte Papa Plühm.

»Weil die so einen Anzug anhaben wie du«, gab Marleen zur Antwort.

Papa Plühm lächelte. »Vielen Dank. Ich bin gern ein Pinguin. Die sind immer gut gekleidet, auch wenn draußen ein Sauwetter ist. Aber ich glaube, ihr bringt hier etwas durcheinander«, sagte er dann. »Manche Tiere legen eben Eier, in denen die Babys heranwachsen. Bei anderen Tieren, den sogenannten Säugetieren, ist das anders. Da wachsen die Babys im Bauch – ohne Ei und Eierschale drum herum. Und wenn sie auf der Welt sind, werden sie gestillt.«

»Da kann ich mich noch dran erinnern«, sagte Franziska. »Wie das war, als Marleen noch … Wie heißt das?«

»Gestillt wurde«, antwortete Mama Plühm und stand auf, um die ersten Teller in die Küche zu tragen.

»Du meinst, dass sie Milch von der Mutter bekommen?«, fragte Marleen.

»Ja«, gab Mama Plühm zur Antwort.

»Aber das heißt doch, dass du auch ein Säugetier bist, Mama?«

Alle lachten.

Papa Plühm sagte: »Wisst ihr, irgendwann vor langer, langer Zeit, also in grauer Vorzeit, wie man sagt, weil es immer grau ist, wenn etwas lange her ist. In grauer Vorzeit waren wir alle mal …«

»Waren wir was?«, unterbrachen Marleen und Franziska gleichzeitig.

»Also ich wollte sagen: Da waren wir alle noch nicht Menschen, sondern eher so wie Affen.«

»Aha. Deshalb esse ich Bananen so gern«, sagte Franziska.

Nur Marleen nahm ihren Kopf in beide Hände, sah auf ihr angeknabbertes Honigbrot, schob einen Bissen in den Mund und sagte, kaum dass sie ihn hinuntergeschluckt hatte: »Papa, du willst damit sagen, dass Opa und Oma ganz früher, also als die Dinosaurier noch lebten und der Himmel so grau war wie deine Tennissocken, dass sie damals alle Affen waren?«

»Nein«, antwortete Herr Plühm und räusperte sich. »Keiner war ein Affe. Opa nicht. Und Oma erst recht nicht.«

»Außer vielleicht Herr Hoffmann, weil der sich immer so aufführt wie einer«, bemerkte Franziska.

»Nein, auch der nicht«, sagte Papa Plühm. »Das ist alles ganz lange her, und niemand weiß es genau. Aber von dem ausgehend, was man so gefunden hat von unseren Vor-Vor-Vor-Vorfahren, Knochen etwa

oder Schädelknochen und Zähne – also da haben die ziemlich große Ähnlichkeit mit Affen gehabt.«

»Ich finde, das sieht man heute noch«, meinte Mama Plühm.

Und alle lachten wieder.

Und dann machten sich Franziska und Marleen fertig, um von ihrer Mutter in die Schule und in den Kindergarten gefahren zu werden. Es war schon ein merkwürdiger Morgen: Erst deckte Franziska den Tisch, dann wollte Marleen wissen, wie das mit den Babys ist, und zum Schluss stellte sich heraus, dass alle mal Affen waren. Franziska dachte, dass sie mit diesem Wissen vielleicht ein wenig besser turnen könnte in der Schule. Schließlich hatten die Affen doch in den Bäumen gewohnt, oder?

2.

FAST EIN GANZ NORMALER NACHMITTAG

oder von Babys und Rüsselspringern

Mama Plühm war gerade dabei, im Keller die Wäsche aufzuhängen, und hielt eine ihrer besonders schönen Blusen in der Hand, als das Telefon klingelte. Sie rollte mit den Augen, das Bügeleisen in der Hand. Sie mochte Bügeln nicht besonders. Außerdem war Bügeln nicht das Einzige, was sie gerade im Keller tat. Denn während sie Hemden und Blusen in der Hand hatte, unter das Bügeleisen legte und hoffte, kein Loch hineinzubrennen, dachte sie unaufhörlich nach. Sie strengte ihren Kopf so an, dass er sich ganz schwer anfühlte. In Gedanken war sie nämlich damit beschäftigt, ihre Schlüssel zu suchen. Während ihre Hände bügelten, suchte ihr Kopf die gesamte Wohnung ab. Der Kragen war immer das Dachgeschoss. Die oberste Knopfleiste das Badezimmer. Die Ärmel waren das Kinderzimmer. Und die Rückseite war das Wohnzimmer. Wo waren ihre Schlüssel nur? Sie hatte sie verlegt, nachdem sie vor einer guten Stunde von der Arbeit nach Hause gekommen war. Und dummerweise hatte sie ausgerechnet heute auch noch den Autoschlüssel daran festgemacht, so dass sie nun richtig festsaß. All ihre Schlüssel waren verschwunden. Dabei wollte Frau Plühm doch mit ihren Kindern und ihrem Mann einkaufen fahren bei dem Regen. Sie musste die Schlüssel einfach finden – und zwar bald. Draußen – und genau an dieser Stelle klingelte das Telefon wieder – goss es in Strömen. Als Frau Plühm nach Hause gekommen war, war sie etwa so nass gewesen wie ein Fisch ohne Regenschirm im Aquarium. Und das reicht bekanntlich selbst für einen Trockenfisch, um bis auf die Socken, Schuhe, Bluse und Rock durch und durch nass zu werden. Pitschnass. Das Telefon klingelte jetzt schon zum vierten Mal. Oder war es das fünfte? Und wo waren die Schlüssel?

Mama Plühm wollte gerade nach oben zum Telefon rennen, als ihr einfiel, dass sie vorher besser das Bügeleisen weglegen und die Bluse aufhängen sollte, um die Hände frei zu haben. Es klingelte wieder.

»FRAN-ZIS-KA«, rief Frau Plühm nach oben. Doch sie bekam keine Antwort.

»FRAN-ZIS-KA! MAR-LEEN!«, rief sie mit aller Kraft. Eins kam immer zum anderen. Frau Plühm legte das Bügeleisen weg und beschloss, die Bluse erst einmal auf einem alten Hocker liegen zu lassen. Der war zwar nicht sehr sauber – er war aber auch wieder nicht so schmutzig, dass die Bluse von alleine Beine bekommen hätte und weggelaufen wäre. »Egal«, dachte sie und stürzte nach oben Richtung Telefon.

»Es gibt Heinzelmännchen«, dachte sie beim Gehen weiter. »In unserem Haus muss es Heinzelmännchen geben. Kleine bösartige Wesen, die mich beobachten und das Telefon immer dann klingeln lassen, wenn ich im Keller bin. Und Dinge verschwinden lassen.«

Das Treppensteigen strengte sie an.

»Stattdessen sollten sich diese kleinen Wichte lieber darum kümmern, dass hier immer alles schön aufgeräumt ist, gebügelt, geputzt und blitzblank. Und alle Schlüssel da liegen, wo ich sie hingelegt habe.«

In diesem Moment fiel ihr ein, dass die Schlüssel vermutlich immer noch da lagen, wo sie sie hingelegt hatte, nur dass sie vergessen hatte, wo.

»Freitagnachmittage haben es einfach in sich«, dachte sie und erreichte die Tür zum Wohnzimmer. »Alles passiert immer an Freitagen.«

Tatsächlich hatte sie freitags besonders häufig das Gefühl, dass sich die Dinge gegen sie verschworen. So wie die Schlüssel. Oder das Telefon.

»Dieses Ding klingelt immer dann, wenn man es am wenigsten brauchen kann und es am weitesten weg liegt«, dachte sie. Und sagte laut: »Mist!«

Fast wäre sie über den Bären von Franziska gestolpert, weil sie wieder an die Bluse und die ganze Wäsche dachte, die nun im Keller alleine vor sich hin lag, und an ihre verschwundenen Schlüssel. Doch statt die Schlüssel in der Hand zu haben, fand sie sich im Wohnzimmer wieder und hatte jetzt einen Hörer in der Hand, aus dem es laut »Tuut … tuut« klang.

»Aufgelegt«, dachte sie. »Gerade wenn man oben ist und den Hörer abhebt, hört das blöde Ding auf zu klingeln.«

Fast hätte sie wieder laut Mist gesagt.

Die beiden Kinder konnten ihre Mutter gar nicht hören. Sie saßen nämlich in ihrem Zimmer unter dem Dach und hatten den Kassettenrekorder laufen, um sich wieder einmal die Geschichte vom Sams anzuhören. Vor allem aber hatten sie die Fenster geöffnet, um auch dem Gewitter draußen mit seinen unheimlichen Geräuschen besser zuhören zu können. Gewitter waren fast so aufregend, wie wenn man selber ein paar Wunschpunkte auf dem Rücken gehabt hätte. Marleen zuckte unwillkürlich immer wieder zusammen, wenn der Blitz einschlug. Auch Franziska hatte noch ein wenig Angst vor dem Blitzen und Donnern, obwohl sie wusste, dass mit jedem Krachen das Schlimmste eigentlich vorbei war.

»Blitz!«, schrie Marleen. »Und was für ein großer!« Sie hatte bei Gewittern mehr Angst als ihre Schwester, vor allem im Sommer, wenn Gewitter besonders heftig und laut waren.

»Jetzt kommt nur noch der Donner«, antwortete Franziska, um Marleen zu beruhigen. »Und Donner ist nur heiße Luft«, sagte sie tröstend.

»Heiße Luft?«, fragte Marleen ängstlich. »Wieso ist dieses Gekrache« – sie hielt sich die Ohren zu, weil ein Donner nach einem sehr hellen Blitz besonders laut war – »nur heiße Luft?«

Es gab ein lautes Krachen.

»Das hat Papa uns doch erklärt«, sagte Franziska. »Erinnerst du dich nicht?«

Aber wenn man Angst hat, erinnert man sich nicht besonders gut. Tatsächlich hatte ihr Vater ihnen das mit dem Blitz und dem Donner erklärt, weil er sich mit solchen Dingen auskannte.

»Papa hat gesagt, dass der helle Blitz eine ungeheure Energie ist, die die Luft erhitzt«, sagte Franziska. »Das ist heißer noch als in einem Backofen. Und wenn du vor einem Backofen stehst, dann merkst du, wie die Luft drum herum flimmert und sich bewegt. Der Blitz bringt wie ein Backofen durch die Hitze alles um ihn herum so in Bewegung, dass sich die Luft immer weiter und weiter bewegt und schließlich auch das Ohr in Bewegung bringt.« Franziska zeigte auf ihr Ohr.

»Und dann?«, fragte Marleen.

»Wenn die Luft, die sich bewegt, ins Ohr kommt, ist das eben als Knall zu hören«, sagte Franziska. »So wie das hier.« Franziska klatschte in die Hände. »Das ist auch nur Luft.«

Marleen nickte. »Also ist Donner nichts als bewegte Luft?«, fragte sie.

Wieder erleuchtete ein Blitz das Zimmer. Die Kinder warteten. Eine Sekunde, zwei, drei. Und dann knallte es wieder laut. Das Telefon, das im Wohnzimmer zum fünften Mal klingelte, hörten sie nicht.

Mama Plühm hatte inzwischen wieder den Keller erreicht. In Gedanken versunken hängte sie gerade ihre schöne Bluse auf – als es wieder klingelte. Das Problem ist, dass fast immer Sachen schiefgehen, wenn es entweder ganz schnell gehen soll oder man mit dem Kopf nicht ganz dabei ist. In Gedanken suchte Mama Plühm nämlich immer noch nach den Schlüsseln, während sie Sachen aufhängte und bügelte. Mit dem Unterschied, dass weder das Bügeln noch das Klingeln im Kopf stattfanden, sondern ganz wirklich waren, während das Nachdenken allein im Kopf stattfand. Also hielt Frau Plühm ein Hemd mit Kleiderbügel in der Hand, ohne daran zu denken, weil sie gerade wieder im Kinderzimmer nach dem Schlüssel suchte. Und als sie wieder nach oben zum Telefon gehen wollte, verfingen sich Kleiderbügel und Hemd in der anderen Wäsche, mit dem Ergebnis, dass der gesamte Wäscheständer umfiel. Jetzt lag also die frisch gewaschene, noch feuchte Wäsche auf dem leider nicht ganz sauberen Kellerboden.

»Was für ein Chaos«, dachte Frau Plühm. Hätte sie doch vorher nur den Boden saubergefegt, wie sie es vorgehabt hatte! Und noch davor nicht die Schlüssel dahin gelegt, wo sie jetzt lagen, ohne dass sie wusste, wo.

Auf dem Weg vom Keller nach oben stolperte Frau Plühm über Lilla, die wieder mitten im Weg lag. Fast hätte Frau Plühm selbst gelegen. Auch Lilla erschrak natürlich, machte einen Satz nach vorne und sprang ins Wohnzimmer unter das Sofa, von wo aus sie Frau Plühm einen abschätzigen, nicht gerade liebevollen Blick zuwarf.

Wenn Frau Plühm Katzensprache verstanden hätte, dann hätte sie hören können, wie Lilla leicht beleidigt miauend etwa Folgendes sagte: »Menschen sind arme, hektische Wesen. Bedauerlich, so ein Leben auf zwei Pfoten. Wie leicht fällt man da hin!«

Lilla schnurrte zwar bei dem Gedanken, wie Menschen zwei Pfoten zu haben, mit denen sie etwas anderes machen konnte als mit den Beinen, mit denen sie rannte. Aber dann fiel ihr ein, dass so etwas einfach nicht gut gehen konnte. »Jede vernünftige Katze läuft doch auf vier Pfoten«, dachte sie. Das hatte sich im Laufe der Jahrtausende bewährt. Nur die Menschen glaubten, sie wären was Besseres. »Deshalb fallen wir Katzen auch so selten hin und wackeln nicht wie Menschen herum und stolpern über Dinge.«

Lilla verzog das Gesicht und leckte sich die Pfote. »Außerdem setzen sich die Menschen immer auf das Sofa«, dachte sie. »Während ich hier unten wenigstens rechts und links eine feste Wand und ein halbwegs festes Sofadach über mir habe. Sicher ist sicher. Vor allem wenn so ein Mensch auf die Idee kommt, gleichzeitig mit der einen Pfote zu telefonieren oder einen Kaffeebecher zu halten, und dabei vergisst, auf seine beiden Lauf-Pfoten zu achten.«

Sie leckte sich die andere Pfote. »Dann fällt so ein Zweibeiner wenigstens nicht auf mich, sondern höchstens auf das Sofa über mir.«

»Hallo, Inge«, sagte Mama Plühm ins Telefon, das sie endlich erreicht hatte. »Ich bin ganz außer Atem. Ich komme gerade aus dem Keller.«

Mit diesem Satz ließ sich Frau Plühm auf das Sofa

fallen. Unten, wo Lilla lag, knarrte es gewaltig – fast wie bei einem Gewitterdonner. Lilla entschied, dass sie sich jetzt nicht mehr stören lassen wollte, und schlief schnurrend ein, während Mama Plühm telefonierte und telefonierte und telefonierte und Franziska und Marleen das Gewitter beobachteten, das langsam wegzog in den schweren Spätnachmittagswolken, die wie große Frachtschiffe durch den Himmel segelten.

Als Mama Plühm ihr Telefonat mit Inge beendet hatte und auf die Uhr sah, sagte sie nur: »Auweia! Zwanzig nach drei! Und Friedrich wartet bestimmt schon auf uns in der Stadt.«

Dann rief sie ihre beiden Töchter, die mit Playmobil eine Wetterstation aufgebaut hatten, darum etliche Krokodile und Giraffen geschart hatten und »Gewitter beobachten in Afrika« spielten. »Marleen, Franziska – wir müssen fahren. Schnell, beeilt euch«, rief Mama Plühm nach oben.

»Aber die Löwen kommen gerade, Mama«, sagte Marleen.

In genau diesem Moment fiel Mama Plühm ein, dass ihr etwas Entscheidendes zum Wegfahren fehlte: Sie hatte immer noch nicht ihre Auto- und Hausschlüssel gefunden. Also begann sie wieder zu suchen, nur diesmal nicht im Kopf, sondern wirklich. Sie fing noch einmal im Wohnzimmer zu suchen an. Wo in aller Welt waren nur diese Schlüssel?

Frau Plühm stand neben dem Sofa, unter dem Lilla schlief, und suchte das Regal ab, als Franziska und Marleen fröhlich die Treppe heruntergesprungen kamen.

»Habt ihr vielleicht meine Schlüssel gesehen?«, fragte Mama Plühm.

»Nein«, antworteten Franziska und Marleen im Chor.

»Die findest du schon wieder«, sagte Marleen, um ihre Mutter zu beruhigen. »Du musst nur die Augen aufmachen und darfst nicht träumen dabei.«

»Danke, Marleen«, sagte Mama Plühm. »Darauf wäre ich sicher nicht von alleine gekommen. Warum sollte ich ausgerechnet jetzt träumen?«

»Weil ...« Marleen hatte auf diese Frage keine wirklich gute Antwort. »Weil du manchmal auf dem Sofa sitzt und einfach auf den Teppich schaust.«

»Dann denke ich nach, Marleen, aber ich träume nicht mit offenen Augen.«

»Wenn wir beide die Augen aufmachen und suchen, dann finden wir den Schlüssel sicher«, sagte Marleen, die nicht mehr über Träume reden wollte.

»Apropos suchen und finden«, sagte Mama Plühm an Marleen und Franziska gewandt, »habt ihr eigentlich euer Zimmer aufgeräumt?«

»Aber natürlich«, sagte Franziska mit einem leichten Grinsen, das Mama Plühm nicht entging.

»Was heißt natürlich?«, wollte Mama Plühm wissen, die es nicht so recht glauben konnte.

»Natürlich heißt so wie immer«, verkündete Franziska. »Du weißt doch, wie wir das immer machen, Mama«, erklärte sie.

»Und wie?«, fragte Mama Plühm. Sie war wirklich neugierig geworden. Hatten die beiden vielleicht eine neue Methode zum Aufräumen gefunden? Gab es überhaupt eine neue Methode? Musste man nicht einfach alles in die richtigen Schubladen und Kästen ordnen?

»Natürlich geht das so, wie wir das bei Pippi Langstrumpf gelernt haben«, sagte Franziska.

»Und wie geht das bitte?«, fragte Mama Plühm, die währenddessen wieder mit der Suche nach ihrem Schlüssel fortfuhr.

»Das geht in etwa so«, sagte Marleen. »Wir nehmen einfach alle unsere herumliegenden Sachen und holen von oben unterm Dach die riesengroße Kiste. Die machen wir dann auf und stopfen alles rein. Als Nächstes schieben wir die riesengroße Kiste auf die Diele genau dorthin, wo die riesengroße Falltür ist. Bis sie genau darauf steht.«

Mama Plühm schaute ungläubig. Was war denn mit Franziska los? Aber die ließ sich nicht beirren. »Und dann, wenn die Kiste da steht, kommt Herr Nielson, dem wir eine Banane geben. Dann drückt er auf einen Knopf, und die riesengroße Kiste mit all den unaufgeräumten Sachen fällt durch die riesengroße Falltür direkt in Papas Zimmer darunter.«

»Und wozu sollte das gut sein? Was passiert dann?«, erkundigte sich Frau Plühm erstaunt.

»Aber Mama«, schaltete sich Marleen ein. »Das ist doch ganz einfach.«

»Überleg mal, Mama«, sagte Franziska. »Sie fällt in Papas Zimmer. Und was kann Papa am aller-allerwenigsten leiden?«

»Unordnung«, antwortete Frau Plühm wie aus der Pistole geschossen.

»Siehst du, Mama. So einfach geht das. Weil Papa so ordentlich ist und Unordnung hasst, kann er diese riesengroße Kiste, die natürlich beim Aufprall aus-

einandergefallen ist, nicht so einfach in seinem Arbeitszimmer liegen lassen. Also hebt er alles auf und tut's wieder in die Kiste. Und weil ihn die Kiste in seinem Zimmer nervt, nimmt er die Kiste mit nach oben und räumt alles in unserem Kinderzimmer ein. So, Mama«, schloss Franziska ihren kleinen Vortrag über die Ordnung, »jetzt weißt du, wie die Ordnung in ein Zimmer kommt, ohne dass ein Kind etwas dafür tun muss. Alles was man braucht, ist eine große Kiste, eine Falltür und einen ordentlichen Papa.«

»Sehr witzig«, sagte Mama Plühm.

Franziska und Marleen lachten.

»Finden wir auch«, sagte Franziska. Dann versuchte sie, die Miene ihrer Mutter aufzusetzen, und sagte mit verstellter Stimme: »Kinder, ich glaube, ihr seid langsam aus dem Alter raus, wo man euch alles hinterherräumen muss. Ihr seid jetzt alt genug, um selber aufzuräumen!«

Die beiden Schwestern lachten. Mama Plühm lächelte.

»Immerhin, Mama lächelt«, sagte Franziska und kniepste Marleen ein Auge.

»Ich muss jetzt diese Schlüssel finden«, sagte Mama Plühm.

Ihr Bauch, in dem das Baby wuchs, tat ihr ein wenig weh. »Ich glaube, ich setze mich mal kurz«, sagte sie. »Außerdem hoffe ich sehr, dass unser ordentlicher Papa euch hinterher noch hilft, Ordnung aus dem Chaos zu machen, das ihr wahrscheinlich in eurem Zimmer veranstaltet habt.«

»Was ist eigentlich Chaos, Mama?«, wollte Marleen wissen.

»So etwas wie Durcheinander«, gab Frau Plühm zur Antwort.

»So wie unser Zimmer?«, fragte Marleen.

»Wenn du wirklich was über Chaos wissen willst, musst du nachher Papa fragen«, sagte Mama Plühm.

»Wieso Papa?«, fragte Marleen. »Der ist doch ordentlich. Räumt der Papa denn an der Universität das Chaos nicht weg?«

»Nein«, sagte Frau Plühm, »er erforscht es.«

»Papa ist doch Chaosforscher«, erklärte Franziska.

»Genau«, sagte Mama Plühm. »Und mit dem Chaos ist es nicht so einfach, glaube ich. Denn Papa sagt immer, dass auch das Chaos seine Ordnung hat. Aber das habe ich nie richtig verstanden«, fügte sie hinzu.

»Aber das ist doch wirklich kinderleicht zu verstehen, Mama«, meinte Marleen. »Wirklich einfach. Schau: Wenn Franziska in dem Chaos von unserem Zimmer ihre Lieblingshaarspange sucht, finden wir sie immer. Auch wenn es noch so unordentlich aussieht: Eine Ordnung gibt es doch.«

»Aber manchmal ist sie eben doch schwer zu finden«, sagte Frau Plühm. »So wie jetzt meine Schlüssel. Ich weiß einfach nicht, wo ich sie hingelegt habe.«

»Wenn Papa weiß, wie man aus dem Chaos Ordnung macht, vielleicht solltest du ihn dann anrufen, Mama, und ihn fragen, wo die Schlüssel sind.«

»Du hast mich da auf eine gute Idee gebracht, Marleen! Denn ich glaube, das letzte Mal, dass ich die Schlüssel in der Hand gehalten habe, war, als oben im Schlafzimmer das Telefon klingelte und Papa dran war. Vielleicht liegen sie also oben. Kannst du mal nachsehen?«

Marleen ging nach oben ins Schlafzimmer ihrer Eltern. Aber auch da waren sie nicht. Stattdessen entdeckte sie einen Stapel Wäsche, den Mama Plühm wohl vergessen hatte, mit in den Keller zu nehmen.

»Hier oben liegt noch alte Wäsche«, rief Marleen nach unten.

Manchmal wünschte sich Mama Plühm wirklich eine Falltür. Genauer gesagt, mehrere Falltüren. Zum Beispiel eine große Wäschefalltür, in die man von oben die ungewaschene Wäsche werfen konnte, damit sie unten frisch gewaschen und gebügelt wieder herauskäme.

»Was auch praktisch wäre«, dachte Mama Plühm, »das wäre so eine Art Herdfalltür. Man steckt vorne Mehl und Zucker rein – und heraus kommt ein Kuchen. Oder Plätzchen und Waffeln. Oder man schiebt ein Stück Fleisch hinein, schließt die Klappe, wartet zehn Minuten – und heraus kommt ein wunderbarer Braten mit allem Drum und Dran.«

Mama Plühm merkte bei diesen Gedanken, dass sie wieder Hunger hatte. »Babys machen wirklich hungrig«, dachte sie. »Vor allem wenn sie noch nicht auf der Welt sind.« Sie streichelte über ihren Bauch. »Aber schließlich sind wir ja auch zu zweit, ehe es auf die Welt gekommen ist.«

Sie stand auf, um weiter nach dem Schlüssel zu suchen, und ging in die Küche. »Vielleicht ist er ja hier«, dachte sie.

In der Küche stand noch das Waffeleisen vom Mittag. Seit sie im Schwangerschaftsurlaub war, musste Mama Plühm jeden zweiten Tag Waffeln machen. Dann halfen die Gedanken an die tolle Erfindung der Wäsche- und Herdfalltüren nichts: Sie musste selber ran und Waffeln backen. »Also, Kinder«, rief sie laut aus der Küche, »ihr müsst mir jetzt beim Schlüsselsuchen helfen!«

Und es dauerte nicht lange, bis Marleen die Schlüssel tatsächlich gefunden hatte. Marleen war nämlich nach fünf Minuten das Suchen bereits leid und wollte kurz mal vor die Haustür, um nachzusehen, ob ihre Freundin Anne vielleicht draußen spielte. Und da fand sie die Schlüssel. Sie steckten von innen in der Haustür.

»Das hast du sicher gemacht, damit du beim Rausgehen ganz bestimmt an die Schlüssel denkst und sie nicht vergisst«, sagte Franziska zu ihrer Mutter, die sichtlich erfreut war.

»Du bist ein schlauer Fuchs, Franziska«, antwortete Mama Plühm, während sie ihr Portemonnaie in die Einkaufstasche steckte. »Dinge, die man besonders gut weglegt, findet man hinterher am schwersten wieder«, fügte sie hinzu.

Dann zogen sie Regenmäntel und Gummistiefel an und verließen alle zusammen das Haus. Nur Lilla blieb. Sie schlief in aller Ruhe und träumte von einer Welt, in der alle Menschen auf vier Pfoten liefen so wie sie.

Einzukaufen war eine, wenn nicht die Lieblingsbeschäftigung von Franziska und Marleen. Und vor allem natürlich die von Mama Plühm. Einkaufen war ihr Schönstes. Dabei ist das mit dem Einkaufen gar nicht so einfach. Denn wer viel einkauft, braucht ja auch viel Geld. Und wer viel Geld haben will, muss auch viel arbeiten. Und wer viel arbeitet, hat wenig Zeit – und kann nicht mehr einkaufen.

»Die Welt der Erwachsenen ist merkwürdig«, sagte Franziska, als sie zum ersten Mal verstanden hatte, wie das mit dem Geld, dem Einkaufen und der Zeit funktionierte.

Aber Marleen und Franziska wussten, dass ihre Mutter gerne arbeitete, und nicht nur, um einkaufen zu gehen und neue Schuhe zu kaufen. Ihr machte der Beruf einfach Spaß.

Als Anwältin lernte sie nicht nur die interessantesten Menschen kennen, sondern sie musste auch immer wieder neu über Fragen von Recht und Unrecht nachdenken. Genau das war spannend wie kaum etwas. Manchmal waren Leute, die sie verteidigte und die alle anderen für schuldig hielten, wirklich unschuldig – und sie konnte diese Menschen vor einer Strafe bewahren. Einmal aber hatte sie sich richtig geirrt. Da stellte sich heraus, dass ein Mann, der wegen Betrugs angeklagt war und so aussah, als sei er die Frömmigkeit und Unschuld in Person, in Wahrheit nicht nur seinen Geschäftspartner, seine Ehefrau und einige Nachbarn betrogen hatte, sondern darüber hinaus noch weitere Untaten verübt hatte. Beispielsweise war er am Diebstahl von Autos beteiligt, die er dann weiterverkaufte. Dennoch hatte sie, wie es ihr Beruf erfordert, den Mann damals verteidigt, so gut sie konnte – trotzdem hatte sie den Fall, weil der Mann am Ende klar überführt werden konnte, haushoch verloren. Wie auch immer: Als Anwältin in der Kanzlei und vor Gericht zu arbeiten machte ihr ungeheuren Spaß.

Und schließlich mussten ja auch die anderen Mütter, die nicht jeden Tag ihrem Beruf nachgingen, arbeiten: Manchmal sogar mehr als die Mütter, die ein- oder zweimal in der Woche ins Büro gingen, dafür aber eine Putzhilfe hatten. Die anderen Mütter mussten alles selber machen. Sie mussten waschen, kochen, aufräumen, saubermachen, einkaufen und vieles andere mehr. Arbeiten musste man so oder so, gleich ob man Mann oder Frau war, das wussten Marleen und Franziska ganz genau. Jedenfalls kannten weder Marleen noch Franziska einen Millionär. Und selbst der musste ja sein Geld irgendwo herhaben. Und da das einfach so war mit der Arbeit und es kein Geld ohne gab, war es nur gut, möglichst viel Spaß bei der Arbeit zu haben, mit der man doch im Leben so viel Zeit zubrachte.

»Eine Arbeit, die Spaß macht, ist eines der schönsten Dinge auf der Welt«, sagte Papa Plühm immer und fügte meist hinzu: »Nicht nur für Erwachsene.« Denn wenn Franziska und Marleen etwas bauten oder sich etwas ausdachten und malten, gleich ob im Kindergarten oder in der Schule, war das auch für sie eine Art von Arbeit. War nicht jedes Lernen in Wahrheit Arbeit? Aber Arbeit, die viel Spaß machen konnte – den Erwachsenen ebenso wie den Kindern.

Nun gibt es Kinder, die immer gleich alles haben wollen und laut quengeln und heulen und mit den Füßen auf den Boden stampfen, sobald sie einen Supermarkt betreten und nicht bekommen, was sie wollen. Franziska und Marleen taten solche Kinder immer leid. Für die musste das Einkaufen eine echte Qual sein. So etwas machte keinen Spaß: herumschreien, sich auf dem Boden wälzen oder Päckchen aus den Regalen ziehen. Nein: Marleen und Franziska waren da viel schlauer als die meisten dieser Quengelkinder. Und das war auch der Grund, warum sie immer mit einkaufen gehen durften und ihre Eltern sie gerne mitnahmen. Der Trick bestand nämlich darin, sich die ganzen Sachen einfach anzuschauen und dabei Spaß zu haben. Manchmal konnte man sich auch vorstellen, dass man sie bereits hätte. Der Trick war denkbar einfach und funktionierte fast immer. Wenn Franziska und Marleen einkaufen gingen, dann taten sie im Spiel oft so, als ob alle Dinge, die sie sahen, ihnen bereits gehörten. Das konnten sie umso besser, je öfter sie in denselben Geschäften einkaufen gingen: Denn dann waren die meisten Dinge immer am selben Ort, so dass sie sie leicht wiederfanden. Seit Jahren zum Beispiel saß die schöne Puppe mit den Haaren, die man kämmen konnte, im ersten Stock bei »Spielzeug Rompel«. Es war sicher nicht mehr genau dieselbe Puppe wie vor Jahren. Aber sie sah jedes Mal wieder genauso aus. Und das reichte.

Außerdem waren Franziska und Marleen schlauer als viele andere Kinder, weil sie wussten, dass es schnell langweilig sein konnte, wenn man immer alle Wünsche gleich erfüllt bekam. Das Sich-vorher-darauf-Freuen ist oft schöner als die Sache selbst. Manchmal kann ein Spielzeug, das man schnell bekommt, auch ganz schnell langweilig werden, wenn man es hat. Und dann kann man ja nicht gleich wieder ein neues kaufen – und immer so weiter, erst ein neues und dann noch eins und wieder eins. Wenn man immer alles gleich bekam – dann hatte man ja keine Wünsche mehr! Und die Eltern am Ende auch kein Geld mehr. »Das wäre doch traurig«, sagte Franziska zu Marleen, als sie vor einem Schaufenster standen, in dem ein Paar wunderbarer Lackschuhe zu sehen war.

Auch Mama Plühm blieb stehen. Ihr hatte es ein Paar blauer Schuhe mit ganz hohen Absätzen angetan. »Was wäre traurig?«, fragte sie Franziska.

»Wenn man immer alles gleich hat«, antwortete Franziska. »Dann würden alle immer alles ganz schnell leer kaufen, und man hätte nichts mehr zum Schauen. Und außerdem hätte man nichts mehr, worauf man sich noch freuen könnte.«

»Ich finde Freude schön!«, sagte Marleen und strahlte über das ganze Gesicht. »Freude ist einfach so freudig«, fügte sie hinzu.

»Ja, Freude ist so wichtig im Leben«, stimmte ihr Mama Plühm zu. »Und am meisten freut man sich oft auf genau die Dinge, die man noch nicht hat und die man sich vorstellt.«

Marleen nickte. Auch sie fand die Lackschuhe wunderbar, wie sie da standen mit ihrer kleinen schwarzen, glänzenden Schnalle. »Du meinst, das ist wie vor Weihnachten«, sagte Marleen. »Wenn man alle Wünsche aufschreibt und sich die Dinge vorstellt, die man sich schon so lange lange wünscht.«

»Ja«, ergänzte Franziska. »Wie Weihnachten. Oder am Geburtstag.«

»Mama, meinst du, ich kann mir solche Lackschuhe wünschen?«

»Die gefallen dir, oder?«, sagte Mama Plühm zu Marleen. »Ich glaube, du kannst sie dir gut wünschen. Vielleicht gehen wir auf dem Rückweg noch einmal vorbei.«

Und dann gingen sie weiter. Die Lackschuhe blieben im Laden – und auch die blauen Schuhe mit den hohen Absätzen, die Frau Plühm so gerne gehabt hätte. Sie schrieb die Schuhe in Gedanken auf ihre Wunschliste für Weihnachten. Oder vielleicht doch lieber für den Geburtstag, denn der kam als Nächstes. Da musste sie nicht so lange warten auf die schönen blauen Schuhe. Passten die nicht wunderbar zu ihrem neuen Kleid?

Draußen vor den überdachten Läden regnete es. Ob Papa Plühm wohl im Regen wartete? Es war schon fast vier Uhr.

»Um drei wollten wir uns doch alle am Brunnen treffen«, dachte Papa Plühm, der tatsächlich draußen stand und dem inzwischen ein wenig kalt war. Einen Espresso hatte er bereits kurz beim Italiener gegenüber getrunken. Er blickte nachdenklich auf die Uhr. 15.55 Uhr. Wo die Überdachung aufhörte und sich die Brunnenanlage befand, prasselte der Regen inzwischen derart heftig, dass niemand mehr dort stehen wollte. Auch Papa Plühm nicht. »Gleich vier Uhr«, sagte er halblaut zu sich selber und schaute auf die Sonnenblume, die er in der Hand hielt. Die hatte er für seine Frau mitgebracht. Jetzt war sie nicht mehr ganz so frisch wie vor einer Stunde. Ob das daran lag, dass die Sonne kaum noch zu sehen war, weil sie sich hinter den dicken Wolken versteckte?

Immer wenn draußen in der Welt nicht viel passierte, geschah bei Papa Plühm innen viel mehr als sonst, wenn es draußen hektisch war. Wenn außen Ruhe war, begannen innen in Papa Plühm die Gedanken wie kleine Affen in den Bäumen zu turnen. Papa Plühm hatte manchmal ein wenig Schwierigkeiten, seine Affen wieder einzusammeln, wenn sie erst einmal losgelassen waren. Aber mit außen und innen – das ist so eine Sache. Denn wo fängt das eine an und hört das andere auf? Wenn innen in Papa Plühm viel passierte, dann schien es ihm, als würden die Gedanken aufsteigen wie kleine Drachen und dann in zackigen Flugkurven ihre Bahnen am Himmel ziehen, den er doch deutlich vor seinen Augen sah. »Träumst du wieder?«, fragten ihn dann manchmal die anderen Plühms, wenn er wieder einmal seinen kleinen Drachen nachhing und beobachtete, wie sie am Himmel ihre Kurven drehten und in wunderbaren Bahnen flogen. »Nein«, sagte er dann. »Ich denke.«

»Was ist denken im Kopf eigentlich?«, wollte Franziska einmal wissen. Papa Plühm erklärte ihr dann, dass denken nichts anderes ist, als sich etwas sehr genau vorzustellen und zu sehen, wie es sich im Laufe der Zeit verändert. Man kann sich auch vorstellen, dass dort, wo Gedankendrachen steigen, die Sonne besonders hell scheint, so dass man die Drachen besonders gut sehen und beobachten kann. Wenn man allerdings zu viel denkt, dann ist es, als ob statt der wunderschönen kleinen Drachen immer mehr Wolken am Himmel sind, bis schließlich alles bewölkt ist. »Und dann regnet es im Kopf?«, wollte Franziska wissen. »So ähnlich«, sagte Papa Plühm. »Manchmal gibt es dann auch ein richtiges Gedankengewitter. Dann hört man mit dem Denken am besten auf und wartet, bis alles wieder vorbei ist und kleine weiße Wolken an den blauen Bergen vorbeiziehen.«

Wieder schaute Papa Plühm auf die Uhr. »Normalerweise kommen sie ja eine Viertelstunde zu spät«, dachte er. »Oder eine halbe Stunde. Denn bevor sie abfuhren, hat bestimmt noch jemand angerufen. Oder Marleen hat mal wieder ihren Kuschelbären nicht

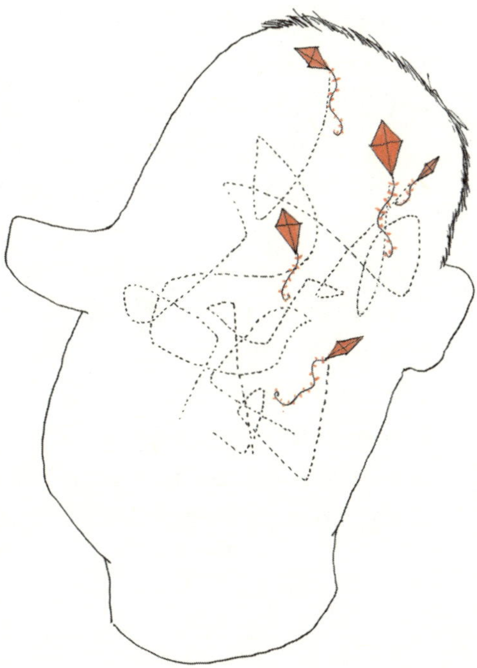

gefunden. Oder Franziska ihre neuen Schuhe. Oder meine Frau den Schlüssel.«

Als Papa Plühm hinter sich ein Geräusch hörte, drehte er sich um. Waren das vielleicht Franziska und Marleen? Obwohl seine Augen durchaus sahen, dass es keine von beiden war und sich stattdessen vor ihm eine unbekannte ältere Dame geräuschvoll an einem Regenschirm zu schaffen machte, tobten die Gedanken von Papa Plühm innen erst recht weiter und schnatterten miteinander wie die wilden Äffchen in den Bäumen. Sie schnatterten besonders laut, wenn die Gedanken aus Büchern kamen. Er stellte sich das immer so vor, dass die Gedankenaffen aus dem einen Buch die in einem anderen Buch besuchen gehen, um zu sehen, ob es da vielleicht eine bessere Schaukel oder eine schönere Banane zu finden gibt. »Ist erst einmal ein Gedanke los, dann kommen immer mehr, um miteinander zu spielen«, dachte er. »Dann steigen sie im Gedankenwind wie die Gedankendrachen auf, einer nach dem anderen, und wickeln sich dabei um die Bücher und die Dinge und Menschen«, sagte Papa Plühm ganz leise zu sich. »Und dann verliert man den Überblick und sieht nichts mehr.«

Die ältere Dame mit dem Regenschirm sah ihn seltsam an. »Wie bitte, mein Herr?«

Herr Plühm schreckte auf. Hatte da jemand mit ihm geredet? Die kleinen Drachen hatten anscheinend seine Zunge bewegt, ohne dass er es gemerkt hatte. Aber die fremde Dame hatte es gehört.

»Hören Sie auf, mich anzureden«, sagte sie jetzt und war wirklich ein wenig wütend. »Was fällt Ihnen ein, eine wildfremde Frau anzusprechen! Und überhaupt: Wovon reden Sie? Affen und Drachen? Sind Sie vielleicht krank?«

Papa Plühm sah die Frau an. Jetzt musste er sich etwas einfallen lassen. Wahrscheinlich hatte er wieder zu laut vor sich hin gedacht. Ob die vielen Gedanken ihm wohl jetzt helfen konnten?

»Guten Tag«, sagte er freundlich. »Das verletzt mich jetzt doch ein wenig.«

»Kein Wunder, wenn Sie einfach wildfremde Menschen ansprechen«, sagte die Frau, diesmal etwas freundlicher. »Wildfremd?«, antwortete Papa Plühm. »Aber ich kenne Sie doch gut. Ich war neulich erst zum Tee bei Ihnen. Erinnern Sie sich?«

Diese Geschichte hatte er natürlich gerade erfunden. Aber die Frau sah so aus, als würde sie gerne mit anderen Menschen Tee trinken. Und wie das bei Geschichten nun mal so ist: Manche sind so gut, dass sie wie echte klingen und sofort wirken. Die alte Dame war sichtlich verunsichert und fummelte verlegen an ihrem Schirm herum.

»Wir – wir kennen uns?«, fragte sie unsicher.

»Ja, ich war zum Tee bei Ihnen. Sie sind doch …«

»Frau Knollmann«, unterbrach die Dame. »Astrid Knollmann.«

»Richtig, Frau Knollmann«, sagte Papa Plühm.

»Und Sie haben mir erzählt, dass Sie liebend gerne einmal mit mir in den Zoo gehen würden, um die Pinguine zu füttern.«

Jetzt reichte es Frau Knollmann. Sie konnte sich beim besten Willen weder an einen Tee mit Herrn Plühm erinnern, noch daran, dass sie Pinguine füttern wollte. Sie hasste Pinguine, aber das nur nebenbei. Pinguine erinnerten sie immer an ihren Mann, der stets einen schwarzen Anzug, ein weißes Hemd und eine Krawatte getragen hatte. Und mit ihrem Mann hatte sie sich wirklich nicht verstanden. »Jetzt lassen Sie mich aber in Ruhe«, sagte Frau Knollmann aufgeregt. Endlich hatte sie es auch geschafft, ihren Regenschirm zu öffnen. Mit erhobenem Kopf und ohne Herrn Plühm noch eines Blickes zu würdigen, ging sie am Brunnen vorbei in den Regen Richtung Parkplatz, während der Himmel tat, was er konnte, um sie zu begießen. Papa Plühm lächelte. Wie ihm das nur eingefallen war mit den Pinguinen?

Er liebte diese schwarz-weißen Tiere, die immer schick angezogen waren. Neulich erst war er in die Bibliothek gegangen und hatte sich ein Buch über Pinguine ausgeliehen.

»Das sind wirklich seltsame Tiere«, dachte er vor sich hin. »Da watscheln die mit ihren Frauen manchmal 150 Kilometer weit über das gefrorene Meer tief ins Landesinnere, bauen ein Nest, und das Weibchen legt ein Ei. Und dann« – und das war wirklich seine Lieblingsstelle in dem Buch – »verlässt das Weibchen schlagartig Nest, Mann und Ei, mitten im Winter, um ins Meer zurückzukehren. Da steht er nun mit seinem Ei.«

Papa Plühm war es, als stände er gerade mitten in einer Pinguinkolonie, frierend und umgeben von gewaltigen Polarstürmen. Er konnte sogar den Wind hören. Jetzt gab es nur eins: Er musste das Ei bewachen. Ohne es zu merken, klammerten sich seine Hände um die Sonnenblume, die er in der Hand hielt.

»Die Männer brüten«, dachte er und lächelte stolz. »Und dabei bekommen die Pinguine noch nicht einmal Kindergeld.«

Tatsächlich waren es bei den Kaiserpinguinen, die er persönlich auch am schönsten fand, wirklich die Männchen und nicht die Weibchen, die brüteten. Und weil sie brüteten, hatten sie keine Möglichkeit mehr zu jagen. Und deshalb auch nichts zu essen. Zumal sie ohnehin Tage gebraucht hätten, bis sie das Meer wieder erreicht hätten, um darin zu fischen. Hätten sie sich in Richtung Meer entfernt, wäre es in der Zwischenzeit bei den eisigen Temperaturen um das Ei und damit auch um das heranwachsende Küken geschehen. Also musste der Kaiserpinguin fasten, bis zu vier Monate lang! Dabei nahmen die Pinguine manchmal bis zur Hälfte ihres ursprünglichen Körpergewichts ab. »Ein echter Pinguin verlässt sein Ei niemals«, dachte Papa Plühm und sah immer noch irgendwie stolz dabei aus. »Auch nicht, um zu jagen oder einzukaufen. Der Pinguinmann widersteht dem Hunger!«

Erst jetzt bemerkte er, wie kalt es geworden war und wie sehr sein Bauch grummelte. »Ich glaube, ich habe Hunger«, dachte er. Die Pinguine standen wenigstens im Rudel zusammen und halfen sich gegenseitig, sich zu wärmen. Sie wechselten ständig ihre Plätze, so dass jeder Pinguin auch mal ins Innere der großen Pinguinkolonie kam, wo es etwas wärmer war als außen. Und dann, plötzlich, drei oder vier Monate später, tauchte das Weibchen vollgefressen und wohlgenährt wieder auf. Es erinnerte sich genau an den Platz und sogar an das Pinguinmännchen, obwohl die Herren, weil alle einen Anzug anhatten, ziemlich gleich aussahen. Dann würgte das Weibchen den vorverdauten Fisch dem jungen Pinguin in den Schnabel, während das Männchen seinen Anzug geradezog, tschüss sagte und sich nun seinerseits Richtung Meer aufmachte, um endlich wieder zu fressen.

»Die sind einfach schlau, diese Pinguine«, dachte Papa Plühm. »Die Frauen kommen mit den vorverdauten Fischen vier Monate später zurück. Das heißt aber auch, dass es vier Monate näher dran ist am Sommer. Und wenn es wieder wärmer wird, schmilzt das Eis. Dabei taut es zunächst an den Rändern ab, also da, wo das Meer ist. Und deshalb müssen die jungen Pinguine auch nicht mehr so lange laufen. Denn das Eis schmilzt ihnen sozusagen entgegen. Der Weg zum Meer wird für sie deshalb kürzer. Gutes Timing bei diesen Pinguinen«, dachte er. »Der Weg zum Meer ist kürzer geworden, weil das Packeis schmilzt.«

Papa Plühm sah sich um. Nach dem Zwischenfall mit der alten Dame nahm er sich vor, in Zukunft nicht mehr so laut zu denken. Denn denken geht ja schließlich auch leise – ohne dass man jemanden stört.

»Überhaupt ist das ja merkwürdig«, dachte Herr Plühm jetzt. »Wenn gutes Wetter ist, kann man einen Spaziergang machen. Auch bei schlechtem Wetter, aber nur, wenn man richtig angezogen ist. Aber egal, wie das Wetter ist – einen Gedankengang kann man immer machen. So weit und so lange man will. Denn das Land der Phantasie ist wirklich groß!«

Und während Papa Plühms Gedanken so vor sich hin gingen, stupste ihn jemand von hinten an und riss ihn aus seinen arktischen Spaziergängen. Pinguinwechsel?

»Papa!« Franziska sah ihn strahlend an. »Träumst du wieder? Am helllichten Tag?«

»Was heißt hier träumen«, antwortete Papa Plühm und gab Franziska einen Kuss auf die Wange. »Ich denke eben vor mich hin.«

»Aha«, sagte Mama Plühm, die jetzt dazukam. Auch sie bekam einen Kuss. Und dann überreichte Papa Plühm ihr die Sonnenblume. »Hast du einen schönen Gedankengang gehabt?«

»Danke«, sagte Papa Plühm. »Es war ziemlich kalt auf dem Gang, Pardon, Weg. Arktisch, sozusagen. Wo ist Marleen eigentlich?«

»Hinter dir, Papa!« Marleen hatte sich versteckt

und war unbemerkt hinter ihm hergewatschelt. »Und wo bist du spazieren gegangen?«, wollte Marleen jetzt wissen.

»In einem Land, in dem es nicht regnet, aber viel schneit«, sagte Papa Plühm.

»Das wäre ja auch zu komisch, wenn es in deinem Kopf regnen würde«, meinte Marleen.

»Das ist in der Tat seltsam«, sagte Papa Plühm. »Man denkt beispielsweise, dass es regnet und alles nass wird. Und doch wird man selber nicht nass dabei.«

»Aber das ist doch klar«, wandte Franziska ein. »Was man denkt, muss ja nicht immer so sein.«

»Nein«, stimmte Marleen zu. »Ein Gedanke von einer nassen Straße ist nicht selber nass.«

»Wenn es anders wäre«, fuhr Papa Plühm fort, »und Gedanken immer so wären wie das, was sie sagen, dann könnte man ja nie lügen. Oder sich etwas Neues vorstellen, das es noch gar nicht gibt.«

Papa Plühm dachte daran, wie er mit dem Ei in der Hand inmitten eines arktischen Schneesturms auf den Brunnen geschaut hatte. »Und mit etwas Phantasie kann man sogar vor einem Brunnen mitten im Schnee stehen, obwohl es regnet«, sagte er.

»Hoffentlich hat dir nicht wieder jemand bei deinem Gedankenspaziergang zugehört«, sagte Mama Plühm. »Denn damit ist es bei dir so wie mit dem Schnarchen: Du glaubst, dass keiner was hört, und schnarchst so laut …«

»Dass die Blätter vom Baum fallen«, unterbrach Marleen ihre Mutter.

»Jetzt wird es erst mal Sommer«, warf Papa Plühm ein. »Da fallen keine Blätter. Und da bald Sommer wird – darf ich euch nach dem Einkaufen noch alle auf ein Eis einladen?«

»Ja«, brüllten Marleen und Franziska gleichzeitig.

Und Papa Plühm sagte leise seiner Frau ins Ohr: »Du hast recht gehabt. Ich habe leider eine ältere Frau erschreckt, weil ich in Gedanken etwas zu laut geschnarcht habe.«

Frau Plühm lächelte. Irgendwie war ihr Mann witzig. Manchmal war er aber auch seltsam. Frau Plühm jedenfalls dachte, während ihr Mann zu ihr sprach, seltsamerweise an einen Pinguin, der im Sommer vor einem Brunnen steht, im vollen Pinguinanzug.

»So einen Pinguin muss man doch gern haben«, dachte sie. »Oder etwa nicht?«

Frau Plühm nickte und griff in ihre Tasche, zog ihr Portemonnaie heraus und holte einen Zettel hervor. »Das müssen wir noch einkaufen«, sagte sie. »Ich habe alles aufgeschrieben. Zunächst brauchen wir Brot, dann Wurst ...« Und sie zählte alles auf.

Als sie fertig war, rief Marleen laut: »Und dann für dich sicher noch ein paar Schuhe! Du kaufst doch immer Schuhe!« Sie sprach so laut, dass sich einige Leute nach ihr umdrehten.

»Gehen Sie ruhig weiter«, sagte Herr Plühm zu

den Leuten, die stehen geblieben waren. »Gehen Sie ruhig weiter. Ich bin von der Regenpolizei. Es ist alles in Ordnung.«

Jetzt schauten die Leute erst recht merkwürdig.

»Friedrich«, sagte Mama Plühm. »Hör auf mit dem Quatsch.«

»Gehen Sie ruhig weiter«, sagte jetzt Mama Plühm zu den Leuten.

»Ja«, stimmte auch Franziska ein. »Gehen Sie einfach weiter. Mein Vater ist bei der Regenpolizei. Wenn Sie weitergehen, sorgt er dafür, dass es aufhört zu regnen!«

Erst recht schüttelten nun die Leute den Kopf über diese merkwürdige Familie.

»Ja, da hat meine Tochter völlig recht«, sagte Papa Plühm und schaute dabei auf einen Herrn mit Lederjacke, der in jeder Hand zwei Einkaufsbeutel hielt, die kurz davor waren, aufzuplatzen. »Ich bin Hauptmann bei der Regenpolizei. Die Wolken gehorchen mir aufs Wort. Sehen Sie das?« Er zeigte nach oben und tat so, als würde er angestrengt in die Wolken schauen. »Sehen Sie das? Diese Regenwolke, die aussieht wie ein Pinguin? Sehen Sie das?«

Inzwischen schauten alle erwartungsvoll nach oben und versuchten, den Pinguin im Himmel zu finden. Dem Mann fiel dabei eine Banane aus der Tüte, ohne dass er es merkte. Und während die anderen nach oben schauten, gingen die Plühms schnell und unbemerkt weiter.

So gingen die Plühms von einem Geschäft zum nächsten, und ihre Tüten wurden immer voller.

»Ich glaube, ich muss mich einmal hinsetzen«, sagte Frau Plühm plötzlich. »Außerdem habe ich Hunger.«

»Klar, Mama«, sagte Marleen. »Schließlich bist du ja schwanger wie eine Auster und hast schon einen riesigen Bauch. Und Papa hat uns allen ohnehin ein Eis versprochen.«

»Also gut«, sagte Papa Plühm. »Auf ins Eiscafé.«

Die Kinder rannten los.

»Vorsicht! Passt auf die Autos auf«, rief Papa Plühm.

Die Kinder rannten weiter und liefen zwischen zwei älteren Damen hindurch, die sich angeregt unterhielten, während eine von ihnen konzentriert eine Torte auf der Hand balancierte.

»Und auf die Fußgänger!«

Als Papa Plühm auf der Höhe der beiden Damen angekommen war, sagte er: »Entschuldigung.«

»Wofür?«, fragte die eine, die die Torte balancierte.

»Weil unsere Töchter Ihnen eben beinahe durch die Beine hindurchgelaufen wären«, antwortete Papa Plühm.

»Ach, so reizende Kinder«, sagte die andere Dame. »Das macht doch gar nichts.«

Papa Plühm war so erstaunt über die Antwort, weil die meisten Leute ja eher grimmig auf Kinder reagierten, dass er seine Zeitung fallen ließ.

»Sie haben Ihre Zeitung fallen lassen«, sagte die eine Dame. Die andere mit der Torte in der Hand versuchte, sich zu bücken, und hatte vor lauter Aufregung wohl vergessen, was sie da in der Hand trug. Papa Plühm konnte es gerade noch auffangen und die Torte retten.

Als sie im Café saßen und ihr Eis bestellt hatten, wollte Marleen wissen, ob auch das Baby im Bauch etwas von dem Eis bekommt.

»Ich glaube nein«, sagte Mama Plühm.

»Die Babys im Bauch können doch noch kein Eis essen!«, schaltete sich Franziska ein. »Wie soll das denn gehen?«

Marleen dachte nach. »Stimmt«, sagte sie. »Ich habe noch nie ein Baby im Bauch gesehen, das Eis isst. Oder aus einem Bauch herausschaut und mit einer Eiswaffel winkt.« Sie fand die Vorstellung lustig und lachte. »Ein Baby mit einer Eiswaffel in der Hand!«

Mit einem Mal wollten Franziska und Marleen alles über Babys wissen. Wann es so weit wäre und das Baby käme. Ob ein Baby überhaupt isst, bevor es geboren wird. Wann es isst. Und wie es isst. Benutzten Babys Löffel? Sabberten sie?

»Wenn die Mama was isst«, fragte Marleen, »warum fällt dem Baby das dann nicht auf den Kopf?«

»Das Erste, was man wissen sollte«, sagte Mama Plühm, »ist, dass Babys nicht wirklich im Bauch sind, wenn ihr darunter versteht, dass ein Baby im Magen wohnt.«

Die beiden sahen Mama Plühm an.

»Wo denn dann bitte?«, wollte Marleen wissen.

»Der Bauch«, sagte Papa Plühm, »ist ja nicht der Magen. Der Bauch, das ist der ganze innere Bereich hier zwischen der Brust«, er zeigte auf seine Brust, da wo sein Brustkorb war, »und dem Becken oder, sagen wir, hier der Nabelgegend.«

»Und was ist da alles drin?«, fragte Franziska.

»Da ist der Magen drin. Aber auch der Darm. Hinten ist das Ganze durch die Wirbelsäule begrenzt. Da liegen dann rechts und links auf der Seite hinten die beiden Nieren.« Er zeigte auf seinen Rücken und die Wirbelsäule. »Die Wirbelsäule könnt ihr hier hinten fühlen. Das ist das Feste. Knochen eben, Wirbelknochen. Außerdem gibt es dann hier vorne im Bauchraum noch die Leber, die hier im rechten Oberbauch liegt. Und wenn es bei mir rechts ist, Franziska, also da, wo der Daumen links ist, dann ist es auch bei dir rechts«, sagte er.

»Du sitzt doch Papa gegenüber«, sagte Marleen. »Also musst du es bei dir rumdrehen, damit es stimmt.« Marleen zeigte rechts auf ihren Bauch, dorthin, wo sich die Leber befindet.

»Richtig, Marleen. Von mir aus gesehen ist das, was bei dir rechts ist, nämlich links«, sagte Papa Plühm. »Also weiter. Dann gibt es neben der Leber hier rechts im Bauchraum noch alles Mögliche. Wie gesagt, den Magen, der ist so ziemlich in der Mitte. Im Magen wird das Essen verdaut. Was sage ich euch immer?«

»Dass wir gut kauen sollen, weil der Magen nämlich keine Zähne hat. Und vor allem die großen Brocken nicht klein kauen kann.«

»Ganz genau. Der Magen hat keine Zähne! Damit ihr aber alles gut verdauen könnt, müsst ihr es vorher schön klein beißen.« Papa Plühm trank schnell einen Schluck Wasser.

»Das muss man nicht kauen«, sagte Franziska. »Das flutscht so durch.«

»Genau. Und dann wird das, was der Magen verdaut hat, hier in den Darm befördert. Zunächst in den Dünndarm und dann hier oben hoch in den Dickdarm. Beide ziehen noch die letzten verwertbaren Reste von Nährstoffen aus der Nahrung.«

»Deshalb heißt es ja auch Nahrung«, sagte Franziska. »So wie in Nähr-Stoff.«

»Und warum gibt es das alles mit dem Magen und so?«

»Ganz einfach«, sagte Papa Plühm. »Der Mensch weiß ja nicht immer, wann er wieder Essen bekommt – jedenfalls war das so, als der Mensch entstanden ist.«

»War das, als Opa und Oma geboren wurden?«, fragte Marleen.

»Nein, noch viel früher.«

»Also bei Uropa, als die Dinos noch lebten?«

»Nein. Auch nicht. Als die Dinos lebten, das war vor rund 250 Millionen Jahren, bis sie dann vor etwa 65 Millionen Jahren ausgestorben sind. Da gab es noch keine Menschen. Gar keine. Die entstanden erst viel später.«

»Also auch Uropa und Uroma und Opa und Oma und ihr?«

»Und du«, sagte Mama Plühm.

»So ein Quatsch«, sagte Marleen entrüstet. »Natürlich gab es keine Dinos mehr, als ich geboren wurde. Die wären ja von all den Autos umgefahren worden. So schlau bin ich auch!«

»Also wie ist das jetzt mit dem Essen? Warum gibt es einen Magen und so eine Magenverlängerung mit Darm?«

»Wie gesagt: Die Menschen, die damals jagten, wussten ja nie, wann sie das nächste Mal etwas zu essen bekommen würden. Also mussten sie das, was sie aßen, besonders gut verwerten. Alles, was der Körper brauchen kann, muss aus der Nahrung raus. Deshalb zersetzt der Magen die Nahrung, die ihr hoffentlich gut klein gekaut habt, mithilfe von besonders scharfen Magensäften. Sogar Salzsäure ist da drin. Im Darm kommen dann noch andere Stoffe dazu von der Galle und von der Bauchspeicheldrüse – auch die liegen beide im Bauchraum. Die zerkleinern die Nahrung noch weiter.«

»Und was ist dann in der Nahrung?«

»Vor allem drei Sachen: Eiweiß, das auch Protein

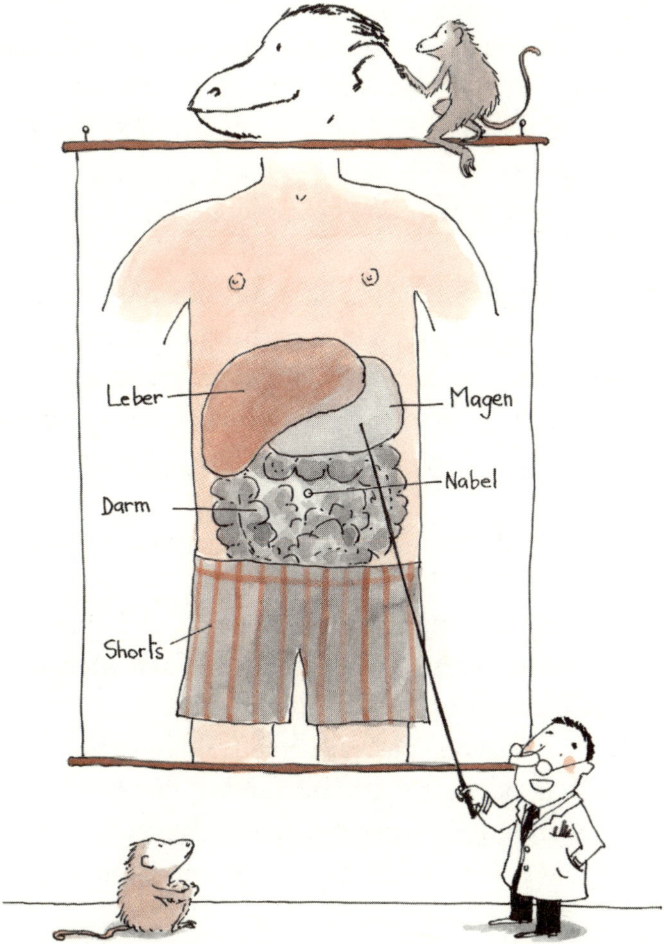

genannt wird. Dann Kohlehydrate und Fett. Und je nachdem, was man isst, ist jeweils ein wenig mehr Fett drin – wie bei Pommes – oder mehr Eiweiß wie bei Fleisch oder Fisch«, sagte Mama Plühm.

»Deshalb isst du Magerquark?«

»Genau. Da ist dann genauso viel Eiweiß drin, aber weniger Fett.«

»Deshalb heißt es ja auch MAGER-Quark«, sagte Marleen.

»Und dann? Wie geht's weiter?«, wollte Franziska wissen.

»Na ja, all diese Stoffe machen die Nahrung auch ohne Zähne noch kleiner, bis die Teile so klein sind, dass sie mit dem Blut überallhin transportiert werden können – eben dahin, wo der Körper sie gerade braucht. Zum Beispiel in die Muskeln, wenn ihr rennt.«

»Und das war's? Das löst sich alles in dem Blut auf?«

»Alles natürlich nicht«, sagte Papa Plühm.

»Und was passiert dann mit dem Rest?«, wollte Marleen wissen.

»Na, was passiert?«, äffte Franziska sie nach. »Was passiert denn andauernd, wenn wir uns zum Essen hingesetzt und fünf Minuten gegessen haben?«

Marleen dachte nach. »Stimmt. Ich muss aufs Klo. Warum eigentlich?«

»Ganz einfach«, sagte Papa Plühm. »Das passiert, weil noch mehr reingefüllt wird. Das ist so, wie wenn du in diese Tasse mit Kaffee hier noch mehr Kaffee gießt.«

»Wenn man immer mehr Kaffee reinschüttet, läuft die Tasse irgendwann über«, sagte Marleen.

»Richtig. So ist das mit dem Körper auch. Nur

dass er anders als die Tasse eine Art von Abfluss hat. Deshalb musst du auch aufs Klo. Denn alles, was aus dem Darm kommt, wenn der Darm endet, das verlässt schließlich den Körper auch – na ja, ihr wisst schon wie.«

»Jetzt weiß ich, was alles im Bauch ist«, sagte Marleen. »Aber wo ist jetzt das Baby?«

»Zunächst mal fällt eins auf«, sagte Papa Plühm. »Und da kommst du auch von alleine drauf. Wo sind die Babys? Ich meine – wo wohnen sie?«

Franziska und Marleen dachten angestrengt nach.

Mama Plühm bestellte sich noch ein Wasser. »Ich habe ständig Durst«, sagte sie. Und etwas leiser fügte sie hinzu: »Und leider auch Hunger.«

Aber diesen Teil hatte niemand gehört, denn Franziska wandte sich mit unüberhörbarer Lautstärke an ihren Vater. »Die Antwort ist einfach, sagst du?«

»Ja«, sagte Papa Plühm.

»Also dann würde ich sagen, dass Babys immer nur bei Müttern wohnen.«

»Stimmt«, sagte Marleen. »Denn Männer können keine Babys bekommen.«

»Genauso ist es«, sagte Papa Plühm. »Frauen sind anders als Männer. Und sie sind auf eine ganz besondere Weise gebaut. Und zwar so.«

Papa Plühm stand so plötzlich auf, dass sein Stuhl fast umgefallen wäre. Ein älterer Herr, der im Restaurant weiter hinten saß, schaute ihn misstrauisch an, vielleicht weil er dachte, er hätte sich den Kaffee übergeschüttet oder sich im Streit erhoben.

Als er stand, setzte Papa Plühm seinen Satz fort: »Und zwar so gebaut, dass ihr Becken hier« – und dabei zeigte er auf sein Becken, was aber fast so aussah, als hätte er Mühe, seine Hose festzuhalten, weil er sich dabei in die Seiten kniff – »hier also ein wenig größer ist als bei uns. Und deshalb haben sie insgesamt im Bauchraum mehr Platz als wir Männer.« Bei diesen Worten streichelte er mit der Hand über seinen Bauch. Der Herr schaute entrüstet weg und wandte sich seinem Salat zu. Papa Plühm setzte sich wieder.

»Dass du immer die Hosen so hochziehen musst«, sagte Mama Plühm.

»Das machen sonst wirklich nur Opas«, kommentierte Marleen.

»Das hast du aber gut von deiner Mutter auswendig gelernt«, knurrte Papa Plühm. »Noch ziehe ich meine Hosen hoch, wie ich will, und wenn ich sie mir über den Kopf ziehe«, sagte er dann, zu Marleen gewandt.

Marleen lachte.

Und zu Mama Plühm sagte er mit lauterer Stimme: »Schön, dass es dir gefallen hat, Schatz.«

»Jetzt hast du uns alles über den Bauch und den Bauchraum und die Hüfte erzählt«, sagte Franziska. »Aber wo wohnen die Babys denn jetzt?«

»Wohnen ist vielleicht etwas übertrieben«, sagte Mama Plühm.

»Es gibt ja auch keine Möbel da drin«, meinte Marleen und zeigte auf Mama Plühms Bauch.

»Stimmt. Der Bauch hat keine Ecken und ist rund«, sagte Franziska.

»Ziemlich rund«, sagte Mama Plühm.

»Schön rund«, sagte Papa Plühm.

»Babyrund«, sagte Marleen.

Franziska legte ihre Hand auf den Bauch. »Ganz anders als ein Bauch sonst, als der von Papa zum Beispiel«, sagte sie. »Irgendwie so schön ... straff.«

»Das hängt mit dem Baby zusammen«, sagte Papa Plühm. »Wie heißt es doch bei *Aladin und die Wunderlampe*? Gebündelte Kraft auf kleinstem Raum. Das Baby ist in einer Art ...« Er dachte kurz nach und suchte nach einem Wort.

»Tüte?«, fragte Marleen.

Papa Plühm schüttelte den Kopf.

»Frischhaltefolie?«

Er schüttelte wieder den Kopf. »Eher einer Art Blase. Oder noch besser: einer festen Hülle. Darin leben die Babys, bis sie geboren werden.«

»Und bei einem neuen Baby?«, wollte Franziska wissen.

»Da bildet sich die Blase wieder neu und wächst mit. Die Blase heißt übrigens Plazenta. Das kommt aus dem Lateinischen und bedeutet ...« Er zögerte.

»Na was?«, fragte Marleen.

»Es heißt – Kuchen.«

»Kuchen?«, fragten beide gleichzeitig und so laut, dass der Herr weiter hinten zusammenzuckte und endgültig den Kellner herbeiwinkte, um zu zahlen.

»Ja, Kuchen. Mutterkuchen. Obwohl das Ganze mit Essen eigentlich nichts zu tun hat. Aber durch diese Blase, die wie eine Schutzhülle um das Baby herum ist, wird das Baby mit allem versorgt, was es braucht: Mit allen Nährstoffen und auch mit Sauerstoff. Und wo die Nährstoffe herkommen, das wisst ihr ja jetzt. Durch die Nabelschnur, deren Rest ihr ja noch an eurem Bauchnabel sehen könnt, wart ihr als Babys mit der Plazenta und damit indirekt auch mit eurer Mutter verbunden.«

Papa Plühm machte eine Pause. Alle sahen ihn aufmerksam an. »Ich weiß nicht, wer sich so was Tolles ausgedacht hat«, sagte er dann. »Aber es ist einfach wunderbar und funktioniert phantastisch.«

»Und das haben nur wir Menschen?«, fragte Marleen.

»Nein, nicht nur wir Menschen«, antwortete Papa Plühm. »Alle sogenannten höheren Säugetiere haben das. Deshalb heißen sie auch Plazentatiere. Dazu gehören die Affen, die Gürteltiere, die Nagetiere, die Raubtiere einschließlich der Robben.« Er machte eine kleine Pause und überlegte. »Dann noch die Schuppentiere.« Dabei rieb er sich unwillkürlich mit der Hand die Schulter ab. »Und dann die Wale und die

Paarhufer, die Spitzhörnchen oder die Rüsselspringer.«

Mama Plühm sah ihn entgeistert an. »Die – was?«, fragte sie.

»Keine Angst, die gibt es bei uns nicht.«

Mama Plühm mochte nämlich Mäuse nicht besonders gerne und mochte schon das Wort »Maus« oder mit Maus verbundene Wörter nicht. Es gab Tage, an denen sie nicht einmal das Wort »Computer« hören konnte, weil es sie an eine Maus erinnerte.

»Die, äh, Rüsselspringer«, sagte Papa Plühm.

»Und wie sehen die aus?«, wollte Marleen wissen.

»Die sehen aus wie …« Papa Plühm zögerte. »Also zu den Rüsselspringern gehören auch die Rüsselhündchen, die haben eine ziemlich lange Schnauze und leben in Afrika. Die anderen, der, äh, Rüsselspringer …« Papa Plühm sah Mama Plühm an. »Also die, die sehen aus wie …«

Es entstand eine kleine Pause. In der Küche sang einer der Köche eine Arie. »Verdi«, dachte Papa Plühm.

»Wie Mäuse?«, fragte Franziska laut in die Pause hinein.

»Äh, ja.«

Mama Plühm wandte sich ab und sah nach draußen.

»Und, äh, Ratten. Rüsselratten. Die haben sandfarbenes Fell, oft mit ein bisschen Orange.«

»Wie hübsch!«, rief Marleen aus. »Rüsselratten?«, wiederholte sie.

»Nun, also zu diesen höheren Säugetieren gehören dann noch die Elefanten und die Elefanten …, äh, Elefantenspitzmäuse und die Röhrenzähner wie die Erdferkel.«

Er machte eine Pause. Mama Plühm sah immer noch nach draußen.

»Na, und manche Beutelsäuger wie der Koalabär oder das Känguru und sogar der Hammerhai.« Er hob plötzlich den Arm, als ob ihn ein Hai gebissen hätte, und winkte den Kellner herbei. »Meine Frau hätte gerne noch ein zweites Eis.«

Mama Plühm sah immer noch zum Fenster raus, nickte aber freundlich.

»Und die beiden Kinder auch. Eine Kugel Vanille für Marleen und eine Kugel Schokolade für Franziska.«

»Andersherum, Papa«, sagten die Kinder im Chor.

Kurz darauf aßen alle zufrieden ihr Eis und hatten die Ansammlung von Tieren mit und ohne Rüssel vergessen. Papa Plühm bestellte sich noch einen Latte macchiato und schaute aus dem Fenster. Es regnete in Strömen. Er schaute auf die Sonnenblume, die fröhlich auf dem Tisch stand, als sei draußen das strahlendste Wetter, das man sich überhaupt nur vorstellen konnte.

Trotz Regen war es ein schöner Tag: Mit kleinen Wichten, die vor allem freitags Dinge verstecken, mit Drachengedanken und genug Ordnung und Unordnung, um zu verstehen, dass Donner zwar Angst machen kann, in Wirklichkeit aber nichts als heiße Luft ist. Außerdem wurde der große Trick fürs Aufräumen enthüllt (eine Falltür im Zimmer, die nach unten in den Keller führt) und die seltsame Tatsache, dass die Welt der Erwachsenen sehr merkwürdig ist, nicht zuletzt weil den Großen das Arbeiten viel Spaß machen kann. Abgesehen davon zeigte sich, dass Pinguine die besten Papas der Welt sind und dass beim Wünschen das Wünschen selbst manchmal schöner ist, als es die Erfüllung eines Wunsches sein kann. Wirklich eine seltsame Welt: Babys werden im Bauch der Mutter zwar bestens ernährt und bekommen alles, aber nie ein Eis, mal ganz abgesehen davon, dass Mäuse, ja sogar das Wort »Mäuse« (und sogar harmlose Rüsselspringer), große Menschen sehr heftig erschrecken können.

3.

FAST EIN GANZ NORMALER ABEND

oder es ist so weit

Franziska und Marleen deckten den Abendbrottisch, als sie den Wagen ihres Vaters in der Einfahrt hörten.

»Papa ist da!«, riefen sie beide, öffneten die Haustür und stürmten in Richtung Garage.

Sogar Lilla verließ ihren Lieblingsplatz in der Diele – von dort aus hatte sie den besten Überblick über alles, was in der Wohnung passierte, einschließlich dessen, was in der Küche vor sich ging.

Papa Plühm holte gerade drei Kästen Wasser aus dem Kofferraum und stellte sie in die Garageneinfahrt. »Hallo, Kinder«, sagte er.

»Hallo, Papa«, riefen Marleen und Franziska.

»Könnt ihr bitte die beiden Tüten hier hochtragen?«, fragte er seine Töchter.

»Ja, machen wir«, sagte Franziska.

»Was ist denn da drin?«, wollte Marleen wissen.

»Ganz schön neugierig. Also: Da ist unser Abendessen drin. Was Leckeres zum Kochen. Fisch, den werden wir schön braten, ein paar Zitronen, Salat und dann noch ein bisschen Pasta.«

»Du meinst Nudeln?«

»Ja – Pasta. Damit bezeichnen die Italiener alle möglichen Formen von Nudeln. Und dann gibt es da noch was Besonderes in der Tüte, die deshalb auch schnell nach oben in die Küche und ins …«

»Kühlfach muss?«, unterbrach Franziska.

»Ganz richtig«, sagte Papa Plühm.

»Ich habe verstanden! Es ist Eis!«, rief Marleen.

Die Kinder jubelten. Dann nahmen sie die Tüten, jeder eine, und trugen sie nach oben. Papa Plühm versuchte zunächst in jede Hand einen Kasten zu nehmen, gab es dann aber auf und trug erst einen und dann die beiden anderen Kästen nacheinander ins Haus. Marleen und Franziska kamen ihm entgegen, als er den letzten Kasten in der Hand hatte und in die Küche brachte.

»Schwer, oder?«, sagte Marleen.

»Stimmt. Das wiegt schon ein paar Kilo«, sagte Papa Plühm.

»Wie viel denn eigentlich?«

»Jede Flasche fasst einen Liter. Und ein Liter Wasser wiegt genau ein Kilo. In Wahrheit natürlich ein klein wenig mehr, weil zu dem Wasser selber ja noch die Verpackung kommt. Aber das Plastik von so einer Flasche wiegt nicht viel. Glasflaschen wiegen viel mehr und sind deshalb auch teurer zu transportieren.«

»Das sind dann also …« Marleen begann, die Flaschen zu zählen. »Zwölf Flaschen.«

»Macht zwölf Kilo«, sagte Franziska.

Papa Plühm gab seiner Frau einen Kuss, vielleicht, weil sie gerade die Nase verzog.

»Wirklich eine gute Idee mit dem Fisch, Friedrich«, sagte sie. »Du weißt doch: Seit ich schwanger bin, bin ich ein wenig empfindlich, was Gerüche angeht.«

»Kein Problem«, sagte Papa Plühm. »Du setzt dich ins Wohnzimmer, nimmst dir ein Buch oder schaust dir die Wiederholung deiner Lieblingssendung an.«

»Welche Lieblingssendung?«, fragte Mama Plühm skeptisch.

»Aber Mama«, sagte Franziska. »Ist doch klar: Die mit den tollen Ärzten.«

Alle wussten nämlich, dass Mama Plühm nicht erst seit der Schwangerschaft eine echte Schwäche für Ärzte hatte, egal, ob es sich dabei um wirkliche Ärzte handelte oder nur um Schauspieler, die so taten, als wären sie echte Ärzte.

»Ich habe dir extra die letzte Folge von *Grey's Anatomy* aufgenommen«, sagte Papa Plühm. »Du kannst dich also entspannen, während ich hier mit …« Er sah in die fragenden Gesichter seiner Kinder. »Also während ich hier mit Franziska und Marleen und Lilla schon mal koche und dabei ein wenig Eis probiere.«

»Tolle Idee«, sagte Mama Plühm. »Ihr kocht und probiert dabei schon mal Eis. Dann habt ihr ja sicher hinterher einen Riesenappetit!«

»Keine Sorge«, sagte Papa Plühm. »Ich habe ja nur gesagt: probieren. Das bedeutet: Einen Löffel von jedem Eis für jeden. Mehr gibt's nicht. Und jetzt, Schatz« – und dann zählte er laut eins, zwei, drei, hob die Arme in die Luft, und alle zusammen riefen: »Haube auf und ab in den OP!«

»Überredet«, sagte Mama Plühm. »Ich danke euch. Ich gehe dann mal ein bisschen die Füße hochlegen und schauen, was die Ärzte machen.«

»Während wir hier den Fisch operieren«, sagte Franziska.

»Und zwar geruchsfrei, Mama«, fügte Marleen hinzu und machte die Dunstabzugshaube über dem Herd an.

Während Papa Plühm, Franziska und Marleen den Salat wuschen, das Paniermehl für den Fisch auf einen Teller schütteten und die Untersetzer, Teller und Besteck auf den Tisch legten, summte Papa Plühm vor sich hin.

»Wie schwer sind eigentlich Babys?«, fragte Marleen, die gerade die Wasserflasche auf den Tisch gestellt hatte. »Wiegen die mehr als eine Wasserflasche?«

»Die wiegen eine ganze Menge mehr«, sagte Papa Plühm.

»Und wie viel haben wir gewogen?«, wollten Marleen und Franziska wissen.

»Da bin ich nicht besonders gut«, sagte Papa

Plühm. »Ich war zwar bei eurer Geburt dabei, aber das war so aufregend, dass ich euer Gewicht nicht behalten habe. Eure Ärzte-Mutter weiß es sicher.«

Die Kinder liefen ins Wohnzimmer und kamen gleich darauf zurück. »Unsere Kinderärztin aus dem Krankenhaus Wohnzimmer hat gesagt, dass Marleen fast fünf Kilogramm gewogen hat und Franziska sogar 5400 Gramm.«

»Kaum zu glauben, wenn man sieht, wie schlank du heute bist«, sagte Papa Plühm.

»Und wie schwer ist 5400 – was noch mal?«

»Gramm«, sagte Franziska.

Beide schauten sich an und schwiegen. »Und wie viel ist das nun, Papa?« Die beiden konnten sich unter Gramm-Zahlen nämlich wenig vorstellen.

»Ein Kilo hat 1000 Gramm. Und 1000 Gramm wiegen so viel wie eine Wasserflasche. Aber es geht auch anders«, sagte Papa Plühm. Er griff in die Tüte, die noch nicht ausgepackt war, holte das Kilo Bananen heraus, die anderthalb Kilo Kartoffeln, noch ein halbes Kilo Möhren und Gemüse. Und stellte dann zwei Flaschen Wasser dazu. »Das sind jetzt zusammen die 5 Kilo, die Marleen beinahe gewogen hat. Und bei Franziska käme dann noch eine halbe Flasche Wein dazu oder hier so ein Brot.« Er legte das Brot auf den Tisch.

»Dann hatte Mama die Bananen und das Brot und all das Wasser im Bauch?« Franziska schaute ungläubig. Sie nahm die beiden Wasserflaschen in die

Hand und wog sie. »Ganz schön schwer«, sagte sie voller Bewunderung.

»Deshalb ist es für Mama auch zwischendurch ganz schön anstrengend, einkaufen zu gehen oder lange irgendwo zu stehen oder zu putzen.«

»Kein Wunder«, sagte Franziska. »Ich muss mir ja nur vorstellen, dass ich einen Rucksack auf dem Rücken hätte, mit all den Sachen drin.«

»Du meinst einen Bauchsack«, kommentierte Marleen.

»Dann eben einen Bauchsack«, stimmte Franziska zu.

»Außerdem seid ihr mit dem Gewicht ganz schön schwer gewesen«, sagte Papa Plühm. »Was es bei der Geburt nicht gerade einfacher macht. Es gibt eine Menge Babys, die weniger wiegen.«

»Ist das denn schlimm, wenn Babys viel wiegen?«

»Für die Mutter sicher schon«, sagte Marleen. »Stell dir nur den Bauchsack vor.«

»Stimmt«, sagte Franziska.

»Aber ansonsten ist es für die Babys eher gut«, sagte Papa Plühm und stellte die Pfanne auf den Herd. »Denn die Babys verlieren nach der Geburt immer erst mal Gewicht, weil sie sich ja von der Vollverpflegung im Bauch auf selber trinken umstellen müssen. Und für manche Babys ist das gar nicht so einfach. Deshalb ist ein gutes Fettpolster für ein Baby nicht das Schlechteste. Und an euch beiden könnt ihr sehen, dass es für später keine Rolle spielt, wie viel

ihr früher gewogen habt. Das ist leider ein wenig anders als bei mir. Wenn ich jetzt zu viel wiege und nicht genug Sport mache, dann werde ich auch in ein paar Jahren noch zu viel wiegen, und das ist gar nicht gut.«

Papa Plühm legte den panierten Fisch vorsichtig in die Pfanne und drehte die Hitze ein wenig runter. »Fünf Minuten noch, dann können wir essen«, sagte er, nahm das Salatbesteck, schüttete ein wenig Balsamico-Essig auf den Salat und ein wenig Olivenöl und wirbelte den Salat in der Schüssel durcheinander.

Zum Essen hatte auch Lilla ihren gewohnten Essplatz unterm Tisch eingenommen und sich zusammengerollt. Sie schnurrte leise vor sich hin, vielleicht weil sie gerade davon träumte, einen dicken Fisch zu fangen.

»Erinnert ihr euch noch, wie wir neulich zusammen Eisessen waren? Da hat Franziska schon einmal nach ihrem Gewicht als Baby gefragt.«

»Und die Frau, die links neben Mama am Nebentisch saß, hat solche Lauscher gehabt«, sagte Franziska.

Marleen legte ihr Besteck beiseite und zeichnete links und rechts neben ihren Ohren zwei riesige Hasenohren in die Luft.

»Stimmt genau«, sagte Mama Plühm. »Die hat am Nebentisch unser Gespräch aufmerksam mit angehört.«

»Die war ein bisschen sehr neugierig, oder?«

»Jedenfalls hat sie sich mit einem Mal zu uns umgedreht. Weißt du noch, was sie gesagt hat?«, fragte Papa Plühm.

»Die hat sich wie aus heiterem Himmel, als hätten wir sie gefragt, zur Mama gewendet«, sagte Franziska.

»Und dann?«, wollte Marleen wissen.

»Dann hat sie einfach gesagt: ›5400 Gramm? Das glaube ich nicht. So schlank, wie Ihre Tochter ist.‹«

Franziska, Marleen, Papa und Mama Plühm schwiegen. So wie damals auch.

Frau Plühm hatte damals in dem Restaurant wie jetzt auch ihren Mann angeschaut und gesagt: »Friedrich –

es ist immer dasselbe. Die Leute glauben es einfach nicht.« Sie wandte sich der Frau zu und sagte betont langsam: »Fünf Kilogramm. F-Ü-N-F.« Dabei hielt sie ihre Hand mit gespreizten Fingern in die Luft.

»Five«, sagte Franziska ebenso laut. »Und dann noch 400 Gramm!« Sie hatte nämlich seit Kurzem

Englischunterricht und bereits ein paar englische Worte aufgeschnappt. Sie hatte sich daran erinnert, dass »Fünf« auf Englisch »Five« heißt.

»Feiffen«, sagte jetzt auch Marleen, die versuchte, das Wort nachzusprechen.

Die Frau schaute immer noch ungläubig. »Also der Alexander, das ist der einzige Sohn von meiner

Tochter«, sagte sie mit erhobener Stimme und rückte dabei ihre Kaffeetasse beiseite. »Also der Alexander, das ist ein großes Kind. Und der hat nur drei Kilogramm gewogen.«

»Jungen sind eben manchmal ziemlich schwach«, sagte Franziska wie aus der Pistole geschossen.

Und Marleen fügte hinzu: »Ja. Jungen sind schwach. Und immer sehr klein. Jedenfalls, solange sie noch kleine Jungen sind. Später sind sie ja dann größer und größere Jungs und werden immer frech und hauen.«

»Unser Alexander, der haut nicht«, sagte die Frau entrüstet.

»Aber er war klein«, beharrte Franziska.

»Und zwar sehr klein«, fügte Marleen hinzu.

»Was heißt hier klein? Also drei Kilogramm und ein paar zerquetschte – das ist ein ganz normales Gewicht. Ich weiß gar nicht, was ihr von meinem Alexander wollt.«

»Aber ich denke, es ist gar nicht Ihr Alexander, sondern der Alexander von Ihrer Tochter?«

»Meine Mama hat jedenfalls gesagt, dass wir viel mehr gewogen haben«, sagte Marleen.

»Eure Mama erzählt euch sicher viel«, sagte die Frau jetzt leicht beleidigt.

»Na klar sagt uns die Mama viel«, meinte Marleen. »Sagen Sie denn nur wenig? Warum sagen Sie denn nur so wenig? Können Sie nicht viel sprechen?«

Die Frau blieb stumm.

»Ich glaube, du hast recht, Marleen«, schaltete sich Franziska wieder ein. »Sie spricht nicht so viel, außer, man fragt sie nicht.« Und sie fügte hinzu: »Also wenn ich die Wahl habe, dann will ich nicht, dass unser Baby ein Junge wird.«

Das saß. Jetzt war die Frau richtig sauer. Erst die Sache mit dem Gewicht – und jetzt das. »Also erst sagst du mir, dass unser Alexander nichts wiegt, obwohl er ganze drei Kilogramm gewogen hat …«

Franziska unterbrach die Frau und sagte: »Ja. Das sind drei volle Wasserflaschen. In der Schule habe ich gelernt, dass drei Flaschen zwei weniger sind als fünf Flaschen. Also fehlen Alexander zwei Flaschen.« Sie grinste die Frau erwartungsvoll an, als ob sie sagen wollte: Klasse, oder? Richtig gerechnet!

»Alexander fehlt keine Flasche«, sagte die Frau verärgert. »Und außerdem ist das nicht schön, wenn ihr sagt, dass das Baby kein Junge werden soll. Ein Junge täte euch mal gut«, sagte sie mit Blick auf den schwangeren Bauch von Mama Plühm.

»Finde ich nicht«, sagte Marleen. »Ich finde, dass Jungen so – wie heißt das noch, Papa?«, wandte sie sich an Papa Plühm.

»Ich glaube, du meinst aggressiv«, antwortete er.

»Richtig«, sagte Marleen. »Also Jungen sind immer so aggressiv.«

»Weißt du überhaupt, was das ist? Du bist viel zu klein, um so was zu wissen.« Die Frau wandte sich entrüstet Marleen zu.

»Natürlich weiß ich das«, sagte Marleen. »Jungen hauen mehr. Jungen wollen immer mit Pistolen spielen.« Und dann fügte sie nach einer kurzen Pause hinzu: »Außerdem kugelt Armin meiner Barbie immer das Bein aus beim Spielen.«

»Da siehst du es«, sagte Franziska. »Jungs sind zu dumm, um richtig mit Puppen zu spielen.«

»Tja – mein Alexander würde das nicht tun. Außerdem spielt er vor allem mit Autos und nicht mit Puppen.«

Die Mädchen sahen einander an. »Schade«, sagte Franziska. »Mit Puppen zu spielen ist so viel besser. Armer Alexander. Er kann aber gerne mal zu uns kommen, und wir zeigen ihm, wie man toll mit Puppen spielen kann. Zum Beispiel mit Daggie.«

»Dann ist das eben bei euch so, dass ihr mit Puppen spielt«, sagte die Frau. »Mein Alexander bleibt dabei. Er spielt mit Autos. Er wird dann sicher später auch ein schönes Auto haben und fahren können. Herr Ober – zahlen bitte.«

Der Ober, der dem Gespräch amüsiert von der Theke aus zugehört hatte, kam sofort, zückte seinen Block und sagte: »Ein Cappuccino, das macht 4 Euro 50 bitte.« Er zögerte. Dann sagte er: »Entschuldigen Sie, dass ich mich einmische. Aber glauben Sie nicht auch, dass Mädchen später Auto fahren können, auch wenn sie nicht die ganze Zeit mit kleinen Sachen mit Rädern dran gespielt haben?« Dabei lächelte er ganz freundlich. »Ich habe nämlich auch eine Tochter«, sagte er an Mama Plühm gewandt.

Die Plühms lachten so laut, dass Lilla erschrocken aus ihrem Fischtraum hochschreckte.

»Weißt du, Mama«, hatte Franziska gesagt, nachdem die Frau gegangen war, »eigentlich finde ich Jungs ganz nett. Mich hat nur die Frau so geärgert, dass ich ihr das einfach sagen musste.«

»Es gibt aber wirklich Jungen, die manchmal nerven, Franziska«, warf Marleen ein.

Die beiden Schwestern sahen sich an.

Marleen überlegte einen Moment. »Aber es gibt auch jede Menge nette Jungen«, fügte sie dann hinzu. »Im Kindergarten spiele ich eigentlich gerne mit Jungs wie Paul. Sehr gerne sogar.«

Sie hielt einen Moment lang inne, um zu prüfen, ob jemand eine Reaktion zeigte und sie merkwürdig ansah. Aber alles schien normal. Dabei hatte sie das Gefühl, einen roten Kopf bekommen zu haben, als sie Pauls Namen aussprach.

»Jungs wie Paul sind oft sehr lustig«, fuhr sie, nun etwas mutiger geworden, fort. »Manche können toll spielen. Und helfen einem sogar richtig gut. Und können gut Witze machen.«

»Warum sollten sie auch nicht?«, fragte Mama Plühm. »Ich glaube, mit Jungs ist das so wie sonst auch im Leben: Es gibt nette Menschen und weniger nette. Es gibt nette Mädchen und weniger nette. Und es gibt nette Jungs und weniger nette.«

»Nur woran erkennt man die netten?«, wollte Marleen wissen.

»Das ist manchmal gar nicht so einfach, da hast du recht«, meinte Mama Plühm. »Aber meistens erkennt man nach einiger Zeit schon, wer ein netter Junge ist.« Mama Plühm sah Papa Plühm an.

»Vielleicht sind Jungs, die immer bestimmen wollen, deshalb nicht so nett«, sagte Papa Plühm, »weil sie in Wahrheit ängstlicher sind. Sie machen nur viel Lärm und wollen immer bestimmen. Aber wer immer bestimmen will, hat in Wahrheit wenig Vertrauen und ist ängstlicher.«

Mama Plühm nickte. »Stimmt«, sagte sie. »Wer Angst hat, der hat ein Problem damit, locker zu sein, und kann nicht so gut auf andere eingehen.«

»Du meinst, die sind nur nicht nett, weil sie ängstlich sind?« Franziska schüttelte ungläubig den Kopf.

»So gesehen«, sagte Mama Plühm, »sind sie vielleicht auch einfach nicht nett, weil sie nicht nett sind.«

»Das ist ganz schön schwer, was Richtiges über Jungs zu sagen!«, stellte Marleen fest. Sie sah ihre Mutter an. »Aber der Paul ist in Ordnung«, sagte sie. Und fügte ein energisches »Da bin ich mir ganz, ganz sicher« hinzu.

Als die Plühms mit dem Essen fertig waren, räumte Mama Plühm die Teller zusammen. Marleen und Franziska trugen sie in die Küche. Papa Plühm brachte das Eis mit und gab Marleen und Franziska je eine Kugel.

»Ich wollte übrigens mal dran erinnern, dass ich auch mal ein Junge war«, sagte Papa Plühm.

»Ja, schon«, gab Franziska zur Antwort, während sie mit ihrem Löffel eine hauchdünne Schicht Eis abkratzte.

»Ja«, meinte Marleen knapp. »Eigentlich bist du als großer Junge ganz okay geworden. Du kannst sogar mit Puppen spielen. Außerdem bist du ein super Papa.«

»Danke«, sagte Papa Plühm.

»Ja, du hast was draus gemacht«, bemerkte Mama Plühm. »Bis auf das Schnarchen.«

Wieder lachten alle – auch Papa Plühm.

»Wisst ihr«, sagte Papa Plühm, »im Grunde ist das doch albern. Warum sollte ein Junge schlimm sein, nur weil er ein Junge ist? Oder ein Mädchen, nur weil es ein Mädchen ist? Im Grunde kommt es doch immer auf den Einzelfall an«, sagte er. »Und darauf, wie man erzogen ist. Und wie man aufgewachsen ist.« Er wandte sich an Mama Plühm. »Erinnerst du dich noch an die Begegnung nach der Geburt von Franziska, von der ich dir damals erzählt habe?«

Mama Plühm nickte.

»Erzähl schon, Papa«, rief Marleen.

»Zusammen mit Mama gab es im Kreißsaal ...«

»Was ist das denn?«, fragte Marleen. »Ein runder Saal?«

»Nein«, sagte Papa Plühm. »Der Kreißsaal ist der Ort im Krankenhaus, wo die Geburt stattfindet. Also dort im Kreißsaal begegnete mir ein sehr nettes, schon etwas älteres griechisches Ehepaar. Die Frau brachte fast zur selben Zeit, wie Mama Franziska zur Welt brachte, einen Jungen zur Welt. Zufälligerweise fuhr ich dann mit dem Mann im Aufzug nach unten, als wir beide Stunden später und etwas übermüdet das Krankenhaus verließen. Der Mann fragte mich, welches Geschlecht mein Kind habe. Ohne auf die Antwort zu warten, erzählte er mir voll Stolz, dass sein Kind ein Junge sei. Er habe fast 4500 Gramm gewogen und sei sehr gesund. Und dann fragte er mich noch einmal nach meinem Kind, also nach dir, Franziska. Und ich sagte ihm natürlich genauso stolz, dass mein Kind ein Mädchen sei und Franziska heiße. Darauf sah mich der Mann, der plötzlich ein trauriges Gesicht machte, mit mitleidiger Miene an, gerade so, als hätte ich ihm etwas Schlimmes erzählt. ›Ein Mädchen‹, sagte er. ›Soso. Das tut mir leid.‹ Ich hätte ihm am liebsten etwas an den Kopf geworfen, dabei war er doch ein sehr freundlicher und netter Herr. Aber für ihn war es einfach viel besser, einen Jungen zur Welt zu bringen als ein Mädchen. Ich habe ihn nachher noch ein paarmal gesehen. Er war immer sehr hilfsbereit und freundlich, bot mir Feigen an und unterhielt sich nett mit mir.«

»Jedenfalls ist das Problem weniger, dass es Jungen und Mädchen gibt«, sagte Mama Plühm. »Das ist eigentlich sogar sehr gut so. Für alle. Denn wenn es nicht so wäre: Wie sollten wir dann noch Familien haben und Kinder bekommen? Das wäre wohl kaum möglich, wenn auf der Erde nur noch Männer oder nur noch Frauen leben würden. Aber es ist ungerecht, dass die einen schlechter behandelt werden als die anderen. Um nur ein Beispiel zu nennen: Frauen sollten für ihre Arbeit genauso bezahlt werden wie Männer.«

»Ist das denn nicht so?«, fragte Franziska mit großen Augen.

»Leider nicht immer«, sagte Mama Plühm.

Franziska schaute ihren Vater an.

»Mama hat recht«, sagte er. »Oft bekommen Frauen für dieselbe Arbeit weniger Geld. Und das ist ganz klar unfair.«

»Das müssen wir aber ändern«, sagte Marleen.

Und Franziska nickte heftig. »Das werde ich gleich den Jungen in der Schule sagen, dass sie später nicht mehr bekommen als wir«, sagte sie.

»Aber manchmal sind auch wir Frauen nicht ganz gerecht«, sagte Mama Plühm und nahm der verdutzten Franziska den Eislöffel aus der Hand, den sie mit so viel Sorgfalt voll dünner Eisschichten gekratzt hatte. Dann leckte Mama Plühm den Löffel einfach ab. »So wie jetzt«, sagte sie. »Köstlich.« Sie rieb sich den Magen. »Das Baby wollte eben einfach auch ein wenig Eis. Vielleicht war ihm zu warm.«

Mama Plühm lächelte. Dann ging sie ins Wohnzimmer, wo die jungen Ärzte auf sie warteten.

Keine halbe Stunde später rief Mama Plühm aus dem Badezimmer: »Ich glaube, es ist so weit!«

Marleen, die sich gerade den Schlafanzug angezogen hatte, kam als Erste hochgestürmt. »Keine Angst, Mama – wir sind da und schauen zu!«

Ihre Mutter sah sie an. »Wobei willst du zuschauen?«, fragte sie.

»Wenn das Baby kommt«, sagte Marleen.

»Ich glaube, so schnell geht das nicht. Ich muss wohl erst ins Krankenhaus«, sagte sie. »Ausgerechnet jetzt, kurz nach dem Abendessen. Außerdem will ich die Folge von *Grey's Anatomy* noch zu Ende sehen. Dann erst will ich ins Krankenhaus.«

Mama Plühm legte das Handtuch, das sie gerade in den Händen hielt, ins Waschbecken und setzte sich auf den Hocker, der im Bad stand. »Aua«, sagte sie. »Kannst du bitte Papa Bescheid sagen? Der ist sicher in seinem Arbeitszimmer. Und sag ihm, dass er nicht erst seinen Artikel zu Ende schreiben, sondern gleich kommen soll. Sofort!«

Marleen schaute sie fragend an. »Mama, gehst du jetzt in das Krankenhaus bären?«

Frau Plühm lachte, verzog aber dann das Gesicht. Wurde das Baby in ihrem Bauch wirklich ungeduldiger? »Das heißt ge-bären«, sagte Mama Plühm. »Obwohl ich wahrscheinlich Geräusche wie ein Bär von mir geben werde. Aber es heißt ge-bären.«

»Ist das Baby also jetzt – fertig?«, fragte Marleen. »Kann es kommen?«

»Ja, ich glaube schon. Es hat sich eben gemeldet«, sagte Mama Plühm, die versuchte aufzustehen, es dann aber vorzog, sitzen zu bleiben. »Da das Baby noch nicht telefonieren kann und auch nicht weiß, dass wir eigentlich jetzt gemütlich hier sitzen und Fernsehen schauen wollten, hat es mir stattdessen ziemlich heftig zu verstehen gegeben, dass es Zeit ist. So wie jetzt.«

Bei diesen Worten setzte sich Mama Plühm auf den Stuhl und verzog wieder ein wenig das Gesicht. »Es tut schon ein bisschen weh. Dafür kann das Baby natürlich nichts. Aber Wehen heißt es deshalb doch zu Recht.«

»Wehen?«, fragte Marleen.

»Ja, wenn das Baby kommt. Dann gibt es Wehen. Das ist so ähnlich wie …« Sie überlegte. »So ähnlich fühlt sich das an, wie wenn du richtig aufs Klo musst.« Mama Plühm wurde ein wenig ungeduldig.

»Du weißt, das Baby ist ja in dieser Art von Hülle. Eine Art von …«

»Luftballon«, sagte Marleen.

»Richtig. So wie eine Art Luftballon. Papa hat euch das ja erklärt. Und wenn wir jetzt nicht schnell machen und du nicht ganz bald deinen Vater holst, dann platzt der Luftballon.«

Das leuchtete Marleen ein. Sofort ging sie ihren Vater holen.

Im Arbeitszimmer waren gleich zwei Dinge anders als sonst. Zum einen hatte Papa Plühm die Tür zu seinem Arbeitszimmer geöffnet und hörte keine Musik wie sonst immer. Das lag daran, dachte sich Marleen, dass ihr Papa einfach besser hören wollte, was im Haus passierte und ob das Baby vielleicht kommen würde. Lilla, die keine Musik mochte, hatte die Gelegenheit gleich ausgenutzt und lag genüsslich im Arbeitszimmer.

Als Marleen die Tür aufmachte und eintrat, stand Lilla auf und strich ihr wie zur Begrüßung schnurrend um die Beine. Papa Plühm blickte von seinem Buch auf, legte den Stift auf den Tisch und sah Marleen an.

»Auch das ist anders als sonst«, dachte Marleen. »Sonst will Papa immer erst mal fertig lesen oder fertig schreiben und brummelt, dass er noch eine Minute braucht. Sitzt am Computer und tippt einfach weiter.«

Aber an diesem Abend war es anders. Normalerweise, wenn Marleen oder Franziska zu ihrem Vater kamen und sagten: »Papa, das Essen ist fertig«, schaute er nur kurz auf und antwortete meistens so etwas wie: »Ja, ja, ich weiß. Geht schon mal runter. Ich komme sofort. Ich muss das nur noch kurz fertig schreiben. Diesen einen kleinen Gedanken.« Aber Papa Plühms Gedanken schienen meist doch nicht so klein zu sein. Oder besser gesagt, so kurz. Denn es konnte schon eine Weile dauern, bis er kam. Und manchmal musste man ihn sogar zweimal holen.

Neulich erst war Marleen zusammen mit Franziska im Arbeitszimmer gewesen. Ihr Vater hatte sie gar nicht bemerkt und schaute erst auf, als ihm Franziska rechts und Marleen links über die Schulter sahen.

»Papa, wir wollten dich holen kommen und dachten, du arbeitest«, sagte Franziska.

Papa Plühm guckte sie erstaunt an. »Aber das tue ich doch«, sagte er.

»Und warum schaust du dir dann ein Buch mit lauter Bildern von Gemüse an?«

»Genau«, ergänzte Marleen. »Ein Gemüse-Bilderbuch.«

»Das ist Brokkoli«, sagte Papa Plühm ein wenig entrüstet.

»Und?«, fragte Marleen. »Auch Brokkoli sind zum Essen und nicht zum Arbeiten«, beharrte sie.

Dann blätterte Franziska die Seite mit dem grünen

Gemüse um. Auch auf der nächsten Seite war Gemüse zu sehen. Und Zahlen. »Ist das ein Kochbuch?«, wollte Franziska wissen.

»Nein, das ist ein Buch über ... über die Natur«, sagte Papa Plühm.

Die Kinder schauten ihn an.

»Also wenn ihr es genau wissen wollt: Es ist eines von diesen wissenschaftlichen Büchern darüber, wie Ordnung in alles hineinkommt.«

»In alles?«

»Ja. Eine Ordnung in der ganzen Natur. In den Tieren und Pflanzen, im Himmel. Ordnung in den Sternen. Eben in einfach allem«, sagte Papa Plühm. Er lächelte dabei.

Franziska und Marleen sahen einander an. Sie waren sich nicht sicher, was ihren Vater zum Lächeln brachte. Schließlich wussten sie, dass Papa Plühm vor allem auch Ordnung in ihrem Zimmer liebte. »Ihr müsst mal wieder aufräumen und Ordnung machen«, sagte er regelmäßig.

»Liest du das, weil du bei deiner Arbeit mit Ordnung zu tun hast?«, erkundigte sich Marleen vorsichtig.

»Ja, an der Universität habe ich viel mit Ordnung zu tun«, sagte Papa Plühm und nickte. »Wirklich viel. Besser gesagt, mit Durcheinander. Dabei geht es aber nicht um das Durcheinander, das ihr zum Beispiel macht, wenn ihr eure Sachen durcheinanderbringt.«

»Sondern?«, fragte Marleen.

»Es geht um das Durcheinander in der Natur. Das nennen wir Chaos.«

»Ist Chaos das Gegenteil von Ordnung?«, fragte Franziska.

»In gewisser Weise ja, in anderer nicht. Mit der Ordnung ist das eben nicht so ganz einfach«, sagte Papa Plühm.

»Ich weiß«, sagte Franziska und dachte an ihr Zimmer. »Wenn die Ordnung kommt«, fuhr sie zögernd fort, »ist das dann so, wie wenn man alles wegräumt und in eine große Kiste tut?«

»Du meinst, wenn die Müllabfuhr kommt«, fügte Marleen hinzu, »und alles wegschmeißt. Dann ist doch Ordnung.«

»Stimmt«, sagte Papa Plühm. »Auch durch die Müllabfuhr entsteht Ordnung. Der Unterschied ist nur, dass die Natur nichts wegschmeißt. Alles wird verwendet. Die Frucht fällt auf den Boden. Der Käfer und der Vogel picken an ihr rum. Dann die Würmer. Und so weiter. Am Ende ist alles umgebaut in Vogel-Energie und Käfer-Energie und Wurm-Leben.«

Franziska und Marleen versuchten sich vorzustellen, wie das aussah, so ein Wurm-Leben oder eine Vogel-Energie.

»Denkt doch einfach an das Baby in Mamas Bauch«, sagte Papa Plühm schließlich. Er drehte die Musik in seinem Arbeitszimmer noch leiser. »Die Frage ist doch, woher das Baby eigentlich weiß, wo seine Finger hingehören. Es kann ja schließlich noch nicht sprechen. Also kann es auch nicht fragen.«

»Und sagen kann es ihm auch keiner, wenn es nicht sprechen kann«, sagte Franziska.

»Das ist richtig.« Papa Plühm nickte. »Also, das ist eine der Fragen, die uns interessiert, da, wo ich arbeite. Wie kommt es, dass beim Baby der kleine Finger« – er zeigte auf seinen kleinen Finger und wackelte damit –, »dass der kleine Finger immer hier außen an der Hand ist?« Er schwieg für einen Moment. »Das ist wunderbar, oder? Dass es diese Ordnung gibt.«

»Am Ende sieht der Brokkoli, wenn er Junge bekommt, so aus wie ein Brokkoli und ein Baby wie ein Baby«, sagte Marleen.

»Stimmt«, meinte Franziska. »Am Ende hat es fünf Finger. Und den kleinen hier außen.«

Papa Plühm wackelte wieder an seinem kleinen Finger, der so klein auch nicht war. Und dann an seinem Daumen. »Und den Daumen hier innen.«

Die Kinder nickten. Irgendwie überzeugte sie das mit dem Baby und der Ordnung und den Fingern. Irgendwie wusste das Baby ja, wo es die Hände bekommen würde.

Marleen schaute wieder auf das Buch mit den Bildern vom Brokkoli. »Sieht lecker aus«, sagte sie.

Aber ihre Gedanken ans Essen – deshalb waren sie ja schließlich ins Arbeitszimmer gekommen – wurden wieder von Papa Plühms Erzählung unterbrochen. »Und nicht nur das«, sagte er. »Das Baby hat auch ein Herz, es hat Beine und alles, was ihr auch habt.«

»Stimmt«, sagte Marleen. »Obwohl es so klein ist. Kann es eigentlich schon denken?«, wollte sie wissen.

»Denken noch nicht richtig. Ich meine, es kann fühlen und unsere Stimmen erkennen und all das. Aber denken? Es kann ja noch nicht sprechen. Und ich glaube, das gehört zum richtigen Denken.«

»Warum ist das so erstaunlich, dass die Babys wissen, wo sie was haben?«, fragte Marleen. »Schließlich haben wir doch die Arme hier oben« – sie wackelte mit den Armen – »und die Beine hier unten. Und im Gesicht die Augen und die Nase und die …«

»Ohren«, sagte Franziska entschieden. »Und die Haare.« Denn Franziska war sehr stolz auf ihre langen Haare, in denen sie heute eine rosarote Spange trug. Und auf ihre kleinen Ohrringe.

»Dir ist das vielleicht klar«, sagte Papa Plühm. »Aber woher soll das Baby all das schon wissen?«

Franziska sah nachdenklich aus.

»Ich glaube, mit den Babys ist das so ähnlich wie mit dem Brokkoli«, sagte Papa Plühm schließlich. »Der wächst ja schließlich auch und kann doch nicht sagen, warum.«

»Merkwürdig«, dachte Franziska. »Da wachsen die Dinge einfach so vor sich hin. Ein Baum wächst nach oben statt, sagen wir, seitwärts. Ein Brokkoli wächst so, dass man ihn kochen kann – und er außerdem noch schmeckt.«

»Als ob der Brokkoli Gedanken lesen könnte«, sagte Papa Plühm. »Und das Allermerkwürdigste an diesem Brokkoli hier ist, dass er in allen Teilen immer gleich aussieht. Schaut hier.« Er zeigte auf ein Bild auf der nächsten Seite. Auf dem Bild sah man, wie jemand einen Teil aus dem Brokkoli herausgebrochen hatte. »In diesem Bild seht ihr den herausgebrochenen Teil – nur etwas vergrößert. Wie sieht er aus?«

»Genau wie das allererste Stück Brokkoli«, sagte Franziska erstaunt.

»Stimmt genau. Diese Sorte hier«, Papa Plühm deutete auf das Bild, »sieht wunderschön aus und heißt Romanescu. Es ist eigentlich eine Mischung aus Brokkoli und Blumenkohl. Egal welches Teil man auch herausbricht und dann von dem Teil wieder ein Teil und so weiter: Jedes Mal, wenn man das kleinere Teil vergrößert, sieht es wieder oder immer noch so aus wie der ursprüngliche ganze Brokkoli. Die Teile sind sich selbst ähnlich.«

Das leuchtete den Kindern ein. Auf den Bildern konnte man es genau sehen. Ein Teil sah aus wie das andere. Wenn man sie vertauschte, würde man nicht mehr wissen, wie man sie in der richtigen Reihenfolge ordnen müsste.

Plötzlich hatte Franziska ein Problem. »Ich verstehe das mit der Ordnung«, sagte sie. »Das ist kinderleicht. Ein Ding sieht einfach immer gleich aus. Ein Finger wie ein Finger. Und ein Teil von einem –

wie heißt der? –, also einem Brokkoli sieht auch immer gleich aus und ist sich selbst ähnlich. Und dann wachsen die Teile einfach so, wie sie wachsen. Aber Papa: Wie lange kann man eigentlich weiter so ein Teilchen aus einem Brokkoli herausbrechen?«

Das überzeugte auch Marleen. Die Brokkoli-Stücke müssten ja von Mal zu Mal immer kleiner und kleiner und kleiner werden. Schließlich konnte man sie nur noch mit der Lupe und dann nur noch unter einem Mikroskop sehen.

Papa Plühm holte tief Luft, ging zur Stereoanlage und machte sie ganz, ganz langsam leise. Bis man nichts mehr hörte. »So ist es auch mit dem Brokkoli und anderen Dingen«, sagte er. »Irgendwann geht es nicht mehr kleiner oder leiser oder was auch immer.«

»Wenn man alles ganz klein macht, dann, dann …« Aber Marleen fiel das richtige Wort nicht ein.

»Richtig«, sagte Papa Plühm. »Dann hat man irgendwann – nichts mehr in der Hand.«

»Gar nichts mehr?«, wollte Marleen wissen.

»Aber so ein Brokkoli kann doch nicht verschwinden, auch wenn er ganz klein wird«, sagte Franziska. Sie hatte ein komisches Gefühl. Wollte ihr Vater etwa behaupten, dass vielleicht in allen Dingen ganz, ganz tief innen, also winzig klein und noch kleiner, dass tief drinnen – wenn man genau hinsah – nichts mehr drin war?

»Gute Frage«, meinte Papa Plühm. »Also die ganz, ganz kleinen Teile, die nennt man Atome. Wenn man

die noch kleiner macht, hat man tatsächlich nichts mehr in der Hand. Jedenfalls nichts, was wie ein Brokkoli oder ein Finger ist. Wie bei einer Zwiebel, die man schält und schält, Schicht um Schicht. Am Ende, wenn man die letzte Schicht abgeschält hat, hat man nichts mehr in der Hand.«

»Aber Tränen in den Augen«, bemerkte Marleen, die in der Küche oft genug mit angesehen hatte, was passierte, wenn Papa oder Mama Plühm Zwiebeln für den Salat schnitten.

»Man hat nichts mehr«, sagte Papa Plühm noch einmal und machte dabei die Stereoanlage ganz aus. »Und trotzdem hat man noch Ordnung. Ganz innen. Nur sehen kann man die nicht mehr.«

Franziska nahm sich vor, darüber noch einmal nachzudenken. Immerhin war sie beruhigt, dass am Ende, wenn alles weg war, immer noch eine Ordnung da war. Auch wenn man sie nicht sehen konnte. Aber das galt ja auch für ihr Zimmer. Wenn sie dort mit ihren Freundinnen gespielt hatte, konnte ihre Mama in ihrem Zimmer auch keine Ordnung mehr sehen. Aber irgendwie gab es eine Ordnung. Schließlich verschwanden die Dinge ja nicht einfach und lösten sich in Luft auf!

Marleen dachte an diese Geschichte mit dem Baby und dem Brokkoli, als sie lief, um ihren Vater zu holen. »Du sollst kommen!«, rief sie ihm zu. »Mama sagt, es ist so weit.«

Papa Plühm klappte sofort das dicke Buch zu, das er las. Diesmal waren keine Brokkoli zu sehen, sondern nur Buchstaben. Gemeinsam mit ihrem Vater lief Marleen die Treppe wieder runter Richtung Badezimmer. Mama Plühm hatte inzwischen ihre kleine Tasche aus dem Schlafzimmer geholt, die seit Tagen dort bereitstand.

»Deine Krankenhausausrüstung«, sagte Franziska. Auch sie war ziemlich aufgeregt. »Und jetzt?«, fragte sie.

»Jetzt«, sagte Papa Plühm, »rufen wir die Oma an und fragen sie, ob sie auf euch aufpassen kann, während wir« – er zeigte auf Mama Plühm und sich – »ganz schnell ins Krankenhaus fahren.«

Franziska holte das Telefon. Fünf Minuten später war die Oma da. Sie umarmte Mama Plühm, wünschte Papa Plühm alles Gute, und dann stiegen die beiden auch schon ins Auto und winkten Franziska und Marleen noch einmal zu.

»Ihr dürft heute in unserem Bett schlafen«, sagte Papa Plühm und kurbelte die Scheibe hoch.

Und dann verschwanden Papa Plühm und Mama Plühm hinter den parkenden Autos, die entlang der Straße vor sich hin dösten, genauso wie – eben wie schlafende Autos.

Als Papa Plühm ein paar Stunden später nach Hause kam, lagen Franziska und Marleen nebeneinander im Schlafzimmer. Er setzte sich auf die Bettkante zu ihnen und streichelte beiden über den Kopf. Dann gab er ihnen einen Kuss.

»Papa?«, fragte Franziska. Sie war als Erste wach. Sie gab Marleen einen kleinen Stups. Auch Marleen wachte auf. Die beiden waren aufgeregt. So aufgeregt wie Papa Plühm.

»Also, Kinder«, sagte er feierlich. »Es ist ein Junge. Er ist supersüß und hat schöne lustige Locken und heißt …«

»FELIX«, riefen beide Kinder.

Papa Plühm nickte. »Ja. Felix.«

»Und ist er gesund?«, fragte Franziska.

»Und Mama?«, fragte Marleen. »Ist die gesund?«

»Beiden geht es sehr gut«, sagte Papa Plühm. »Wir hatten Glück. Es war eine leichte und ziemlich schnelle Geburt. Ihr habt ja gesehen, wie schnell wir weggefahren sind, als Oma da war. Gott sei Dank waren wir dann auch ratzfatz im Krankenhaus. Wir kamen an, haben uns unten schnell angemeldet – ich zeige euch das morgen – und sind dann hochgegangen. Genauer gesagt: Sie haben Mama hochgefahren mit einer Liege. Denn Mama konnte kaum noch gehen. Den Weg über den Parkplatz zum Krankenhaus hat sie kaum noch geschafft. Die Wehen kamen immer öfter und heftiger und schneller. Deshalb sind wir gleich in den Kreißsaal.«

Papa Plühm machte eine Pause. »Ich bin immer noch ganz aufgeregt«, sagte er. »Das war wirklich ein wunderbares Erlebnis. So wie bei euch auch.«

»Und dann, Papa?«, fragte Marleen.

»Dann hat es gar nicht mehr lange gedauert, und Felix war auf der Welt. Mama und ich waren sehr erleichtert.« Er schluckte laut. »Und sehr glücklich«, fügte er hinzu.

»Wir sind auch sehr glücklich«, sagte Marleen.

»Ja«, sagte Franziska. »Endlich ist Felix da. Fahren wir morgen gleich hin?«

»Das tun wir«, sagte Papa Plühm. »Soll ich das Licht wieder ausmachen, damit ihr schlafen könnt?«

»Papa«, sagte Marleen. Sie hatte sich im Bett aufgerichtet. »Ich habe noch eine Frage. Die Babys, die haben doch immer was von beiden, von Papa und Mama, oder?«

»Ja, das stimmt«, antwortete Papa Plühm. »Du hast zum Beispiel Mamas Augen. Das ist auch gut so, denn meine sind ja ein wenig klein geraten.«

»Und irgendwie ein bisschen schlitzig«, sagte Franziska. »Ein bisschen wie Schlangenaugen«, ergänzte sie.

»Vielen Dank für das wirklich schöne Kompliment«, sagte Papa Plühm. »Aber wo du recht hast, hast du recht. Jedenfalls habt ihr beide Glück gehabt und die großen Augen von Mama geerbt. Und du«, sagte er zu Franziska, »hast dafür meinen Mund geerbt. Ich meine die Form. Das ist in jedem Fall besser als die Schlangenaugen und wirklich nicht schlecht.«

Franziska nickte. Papas Mund war wirklich in Ordnung.

Marleen dachte immer noch nach. »Wenn das stimmt, Papa«, wollte sie wissen, »wenn also immer zwei nötig sind, damit es ein neues Baby gibt – wer hat das dann alles erfunden? Ich meine vor den Babys? Vor der Oma und dem Opa und der Uroma und dem Uropa und den Papa Affen und den Mama Affen und alldem? Waren das auch zwei?«

Papa Plühm räusperte sich. Bei wirklich schweren Fragen musste er sich häufig erst mal räuspern. Als Nächstes hatte er dann das Bedürfnis, aufzustehen und im Zimmer umherzulaufen und zu überlegen. Aber er blieb bei den Kindern sitzen. »Das ist eine ziemlich schwierige Frage. Und ich glaube, überhaupt eine komplizierte Geschichte«, sagte er stattdessen und kratzte sich am Ohr.

»Wenn Papa ›kompliziert‹ sagt«, murmelte Franziska etwas müde, »dann meint er bestimmt, dass es wieder etwas mit seinem geliebten Chaos und der Ordnung zu tun hat.«

»Mein geliebtes Chaos«, dachte Papa Plühm. »Chaos und Ordnung.«

»Euch liebe ich jedenfalls mehr als Chaos und Ordnung«, sagte er laut.

»Die Kinder kennen mich ganz schön gut«, dachte er weiter. »Ich glaube, ich muss mir mal was Neues einfallen lassen.«

»Vielleicht nicht mit Ordnung, aber mit Gott«, sagte Marleen.

»Aber der ist doch einer«, wandte Franziska ein.

»Oder gibt es einen Papa Gott und eine Mama Gott?«

Papa Plühm schwieg. Seine Kinder kannten ihn wirklich gut. »Wusstet ihr«, sagte er dann, »dass die alten Griechen tatsächlich glaubten, dass am Anfang alles aus dem Chaos entstanden ist? Und aus ihm die Nacht und die Erde samt ihren Kindern?«

Marleen gähnte. Ob Papa jetzt wieder was über die Ordnung erzählen würde? Sie wurde müde. Es war ja ein langer, aufregender Tag gewesen. Morgen würden sie das neue Baby im Krankenhaus sehen können.

Plötzlich lachte Papa Plühm.

»Wieso lachst du?«, fragte Franziska.

»Weil vielleicht alles mit der großen Schildkröte zu tun hat. Einer riesigen großen Schildkröte, die alles, was auf der ganzen Erde ist, trägt«, sagte Papa Plühm. Er lachte immer noch.

Franziska und Marleen schauten sich ratlos an. Eine Schildkröte? Das war neu. Diese Theorie hatten sie von ihrem Vater noch nie gehört.

»Was für eine Schildkröte?«, fragte Marleen.

»Eine Schildkröte, die von uns Menschen träumt und so groß ist, dass sie alles, auch ihre Träume, auf ihrem schön gefärbten und gemusterten Schild trägt. So stellten sich das jedenfalls die alten Inder vor.«

»Die ganze Erde? Mit allem drauf?«

Papa Plühm nickte. Auch er schien jetzt ein bisschen müde geworden zu sein.

Nur Franziska war hellwach. »Papa, ich glaube, du erzählst Märchen. Denn wenn die Schildkröte sich alles ausgedacht hat und träumt, dass sie alles auf ihrem Rücken trägt: Wer hat sich dann die Schildkröte ausgedacht?«

»Richtig«, sagte Marleen. »Und wer trägt eigentlich die Schildkröte? Ich meine – wo steht sie denn überhaupt drauf, wenn sie doch die ganze Welt trägt?«

»Also, Kinder«, sagte Papa Plühm und stand auf. »Ich gebe zu, dass ihr mich erwischt habt. Ich weiß keine gute Antwort auf die Frage, wie das alles entstanden ist. Und die Wissenschaftler, die ich kenne,

auch nicht. Zumindest gibt es nicht eine Antwort auf eure Frage, sondern viele. Und das ist so gut wie keine. Ich mache euch den Vorschlag, dass wir morgen noch mal über alles nachdenken. Nur eins weiß ich jetzt schon«, fügte er hinzu. »Babys brauchen mindestens zwei, einen Vater und eine Mutter, auch wenn sie von ganz alleine wissen, wo ihre Beine hinkommen und ihre Arme und ihre kleinen Finger und die Augen und die Nase.«

Er atmete einmal tief. »Felix ist so ein süßes Baby«, sagte er. Dann machte er das Licht aus.

»Gehen wir morgen alle zusammen hin und besuchen Mama und Felix?«, fragte Franziska im Dunkeln. »Ich will ihm schließlich den kleinen Kuschelbären schenken, den von mir. Damit er immer was von mir zum Kuscheln hat.«

»Das ist sehr lieb, Franziska«, sagte Papa Plühm. »Das kann er ganz lange brauchen, was zum Kuscheln. Und morgen gehen wir alle zusammen hin.«

Papa Plühm sah, dass Marleen schon die Augen zugefallen waren. Liebevoll deckte er sie zu.

»Marleen hat sich das Zähneputzen für heute erspart«, sagte Papa Plühm zu Franziska. »Und du?«

»Stimmt, ich muss noch Zähne putzen«, sagte Franziska.

Gemeinsam gingen sie die Treppe runter ins Badezimmer.

»Ich möchte mal wissen, wer sich das ausgedacht hat mit den Zähnen«, sagte Franziska knurrend.

»Ich wette, das waren zwei Zahnärzte«, sagte Papa Plühm aufmunternd.

Aber Franziska war an diesem Abend schon zu müde, um noch zu lachen. Stattdessen nahm sie die Zahnbürste in die linke Hand, die Tube in die rechte und drückte etwas von der roten Zahnpasta auf die Borsten. Dann gab sie die Tube ihrem Vater, der sie mit dem Deckel wieder verschloss.

»Wenn das stimmt, was du eben erzählt hast, Papa«, sagte Franziska mit der Bürste vor dem Mund, »dann war es bestimmt keine Schildkröte, die das alles und auch das Zähneputzen erfunden hat. Denn Schildkröten haben keine Zähne.«

Den letzten Satz sagte sie mit einem Seufzer und begann dann, ihre Zähne zu putzen. Dabei dachte sie an das Krankenhaus, ihre Mama, die jetzt dort war und wahrscheinlich auch schon schlief. Und sie dachte an den kleinen Felix. Sie spuckte den Zahncremeschaum ins Waschbecken, nahm einen Schluck Wasser und spülte sich den Mund aus.

»Ich glaube, ich habe ihn jetzt schon sehr, sehr lieb«, sagte sie. »Den kleinen Felix. Er ist bestimmt ein süßer Junge.«

Und dann gab sie ihrem Papa einen Kuss – denn er war ja schließlich auch nur ein etwas größer gewordener Junge – und ging zurück ins Schlafzimmer. Sie zog ihre Strümpfe aus und nahm die Spange aus dem Haar.

Papa Plühm strich ihr über den Arm. »Gute

Nacht«, sagte er. »Ich habe dich lieb. Und Marleen. Und Felix.«

Franziska schloss die Augen. Was für ein Tag! Morgen würde sie Felix kennenlernen und ihn zusammen mit Marleen das erste Mal sehen. Und dann würde Felix bald bei ihnen wohnen, für immer. Während sie daran dachte und versuchte, sich Felix vorzustellen, fiel sie auch schon in einen tiefen Schlaf. Sie träumte viele schöne Träume in dieser Nacht, aus denen sie erst am anderen Morgen wieder ein Wecker reißen sollte, der sich anhörte, als ob ein Berg ins Rutschen gekommen war. Aber das kennt ihr ja schon.

NACHWORT

»Die Plühms bekommen ein Baby« ist entstanden an einem langen Wochenende, an dem wir zu zweit zu Hause waren. Das ist ungefähr zehn Jahre her. Heftiger Regen und Langeweile trieben uns dazu, statt wie so oft noch eine Geschichte zu lesen, mal selber eine zu schreiben. Und genau das haben wir dann auch getan.

Die Plühms sind in ihrer Rohform also das Ergebnis eines Wochenendes, das schon ziemlich lange zurückliegt. Erst jetzt haben sie mit einer kleinen Verspätung von zehn Jahren das Licht der Öffentlichkeit erblickt. Wie es dazu kam und warum so spät – das ist eine längere Geschichte, eine, die wirklich passiert ist und schließlich ein gutes Ende gefunden hat. Aber darüber vielleicht ein andermal.

Von Charlotte stammen alle Charaktere, ihre Eigenschaften und all das, was sie auszeichnet. Und ihre

Namen. Charlotte war es auch, die entschied, worum es in der Geschichte überhaupt gehen sollte, was jeweils als Nächstes passieren und wie die Geschichte enden sollte. Da Charlotte, stolze fünf Jahre alt, damals noch nicht wirklich selber schreiben konnte, hat sie diktiert, weitgehend. Und währenddessen das gemalt, was diktiert und besprochen und aufgeschrieben wurde.

Auf diese Weise entstand eine erste Fassung, die nach diesem Wochenende ein wenig ausgearbeitet wurde und schließlich zumindest einen Teil der Familie zufriedenstellte. Danach wurden die Plühms vergessen und schliefen viele Jahre auf einer Festplatte, die mehrmals umzog. Einmal sind sie zwischendurch aufgewacht, aber keiner wollte sie wirklich länger um sich haben.

Zehn Jahre nach ihrer Geburt wurden sie jetzt neu bearbeitet. Auf diese Weise sind die Plühms entstanden, die Sie und ihr hoffentlich mit Spaß gelesen habt. Die Plühms sind ein echtes Vater-Tochter-Projekt ... Ach übrigens: Auch mit Söhnen kann man Geschichten erfinden.

Charlotte Fröhlich und Gert Scobel im Juni 2007